辨色識人，色彩最懂你

不一樣的
色彩心理學

用12種色彩打造一個好性格 ———— 康耀南 著

COLOR

原書名：12色彩性格

如波浪的花朵

尺寸：240×180 公分

材質：油畫

年代：2007

純色性格的整合特徵

　　整個畫面就如人生般地波動成長，它的色調是由 12 色組成，對應了 12 色彩性格測試，這種表現方式和藝術心理分析能很好地搭配。從圖畫中發現自己的色彩性格，也許你能發現從色彩中體驗生命的力量與不可輕忽的價值。

　　愛因斯坦曾說：「真正的藝術應該產生於創造力，豐富的藝術是內心之中一股不可遏制的人生激情。」

生活禪‧之一

尺寸：60×90 公分
材質：油畫
年代：2008

大紅色性格的整合特徵

　　我總是目空一切，相信沒有事情是我做不到的，面對困難能從容以對，我的幸福靠我自己去創造，自立自強是我的人生觀點。

　　柏拉圖曾說：「自力謀求幸福而不倚賴他人，便是實行快樂人生的最佳計畫。」就從今天展開充實自己的計畫吧！

生活禪‧之二

尺寸：60×90 公分
材質：油畫
年代：2008

桃紅色性格的整合特徵

我們的企圖心非常強烈，不論面臨怎樣的困難，總能在心目中描繪出自己預期成功的美景，認為生命是一紙由個人自行填寫的預言書。從不放棄任何到來的機會，對自己抱著最高的期許，也盼望他人能盡展其才。

魏特利曾說：「在人生的牌戲中，拿到一手好牌不算成功，能把一副壞牌打好才是成功。」

生活禪・之三

尺寸：60×90 公分
材質：油畫
年代：2008

粉紅色性格的整合特徵

　　我們對於自己的人生取向，始終抱有很大的渴望。要改善現狀，想要把事情做成，進取心驅動著我內心的力量，它讓我勇往直前，屢仆屢起。為實現夢想而努力，唯一的念頭是我認為我能。

　　魏特利曾說：「失敗者常愛說：但願希望成為……；成功者卻說：我要成為……」

生活禪・之四

尺寸：40×60 公分
材質：油畫
年代：2008

土黃色性格的整合特徵

我們對自己的權利與責任思考得非常清楚，不會怪罪他人。能克己自律從錯誤中學習經驗，為自己的工作目標和生活方式負起責任。

林肯曾說：「你該負的責任逃得了今天，逃不過明天。」

生活禪‧之五

尺寸：60×90 公分
材質：油畫
年代：2008

鵝黃色性格的整合特徵

　　我們非常注重計畫，它是夢想和成就之間的橋樑。成功、財富與幸福絕不是偶然從天而降，把大目標分割成許多一次可以完成的小目標，期間充滿彈性、配合環境變化，以更圓滿的方式去完成明智籌劃的最終成果。

　　魏特利曾說：「面對一時的挫敗要虛心檢討，沒有踏實可行的計畫，就算是天才也無法成功。」

生活禪‧之六

尺寸：40×60 公分

材質：油畫

年代：2008

淺黃色性格的整合特徵

　　我們認為境遇是自己開創的，積極的態度造就了自己，讓你成為怎麼樣的人。別人的所思所行都不是我們的責任，我只為自己的反應負責，這就是我們的人生態度。

　　魏特利曾說：「熱忱是會傳染的，在一個積極有為的人面前，你很難保持冷漠的態度。」

生活禪‧之七

尺寸：40×60 公分
材質：油畫
年代：2008

墨綠色性格的整合特徵

　　我們的內心無時無刻充滿喜悅和熱忱，尤其在這個人人為己的冷漠時代裡，有了熱忱的精神，能克服先天的缺陷與環境的惡劣，能讓自己在工作上動力十足地推動你追求更遠大、更美好的人生理想。

　　華特森曾說：「人類最偉大的成就，都是由思想及熱忱的傳達所造成的。」

生活禪‧之八

尺寸：40×60 公分
材質：油畫
年代：2008

草綠色性格的整合特徵

　　我們對於信仰毫不置疑，它是人類一切力量與勇氣的泉源。建立在信仰之上的意念，都能立即轉化成具體的行動。自我實現的預言，讓我享受到工作上的種種樂趣。

　　魏特利曾說：「心靈中的一個意念，必然引發肉體上的一個反應。心靈所至，肉體隨之。」

生活禪 · 之九

尺寸：40×60 公分

材質：油畫

年代：2008

深藍色性格的整合特徵

　　我們是發掘並運用自己潛能的人，最卓越的成就是不斷地奮鬥，以求超越自己。成就絕非一夕之功，你不會一步登天，重要的是每一步都踏得穩，才能逐步走向成功的康莊大道。

　　哈里斯曾說：「但求一己之成就，難免會空虛寂寞。」

生活禪‧之十

尺寸：40×60 公分

材質：油畫

年代：2008

寶藍色性格的整合特徵

　　我們領悟人生最偉大的力量不在於統御他人或掌握財富，而是控制頭腦的思考過程。力量是虛懷若谷的、智慧的、行動的、責任的，它是一切知識的起源；不斷地運用知識的力量，得以完成自己未來的理想。

　　塞尼加曾說：「能掌握自己的人，力量是最為強大的。」

生活禪‧之十一

尺寸：40×60 公分
材質：油畫
年代：2006

天藍色性格的整合特徵

　　我們對自己的表現散發出謙卑的自信心，它不是對名利的強力追逐，而是對自己從事的工作感到無上驕傲。能接納此刻的自己，一個有缺點，但會加以改變，能不斷成長而成為有價值的人。

　　魏特利說：「大部分功成名就的人，即使在除了一個夢想之外一無所有的時候，仍然相信自己絕非池中之物。」

生活禪‧之十二

尺寸：160×70 公分
材質：油畫
年代：2006

混合色性格的整合特徵

　　我們認為在奔赴成功的旅途中必須克制自己，不要左顧右盼，也不要計算自己和別人的差距。重要的是，如何將自己具有的混合性格潛能充分發揮出來。只有內心的滿足，才能帶來真正的幸福，因此，成功必須靠不斷地更新來維持。

　　亨利‧福特曾說：「肯全力發揮出自己的強項和創造性的想像力，盡最大的心力去工作，而不是以差強人意的方式去做的人，必然會成功。」

生活禪・之十三

尺寸：160×70 公分
材質：油畫
年代：2006

主次色性格的整合特徵

　　我們要記住一句話，能變通才能生存。能夠有所成就的人，視變化為正常現象，不會為繁瑣的小事費神，專注在重要的事情上，探索增加做事效率的方式，創造新的行事方法，對於無法改變而必須接受的事物，則要設法適應。

　　英吉曾說：「我們要找到合宜的布料來訂作適合自己的衣服；同樣地，對於環境的變化，我們要能夠適應。」

佛之於花花世界

尺寸：100×100 公分

材質：複合材料

年代：2005

矛盾色性格的整合特徵

　　我們對於工作上的樂趣抱持著雙贏的態度，如果我幫助你獲勝，那麼我也就勝利了，這是我們要追求和舟共濟的贏家本質。所謂成功的合作關係，就是要不斷地改善與所有共事者的互動方式。唯有採取主動，率先開口溝通，他人便會樂於與我們展開熱忱的合作關係。

　　阿德勒曾說：「不關心對方的人，遭遇到的人生困境最為嚴重，傷害別人也最深，這種為人處世的方式，會導致你最大的人生挫敗。」

佛之於頭頭是道・之一

尺寸：40×60 公分

材質：油畫

年代：2006

粉綠色性格的整合特徵

　　我們不斷地與人溝通，經由言語或非言語的方式，表達自己的意向，也瞭解對方想要表達的意念。我能靜下心來傾聽他人的說話，談他重視的事情，主題繞著對方轉，從而獲得真正的友誼、忠誠和合作上的利益。

　　魏特利曾說：「最偉大的溝通技巧，就是重視對方的意見。」

佛之於頭頭是道‧之二

尺寸：40×60 公分
材質：油畫
年代：2006

未分化性格的整合特徵

我們的自我形象是來自於對自己的信念和想法所產生的，其中包含了他人對我們的評語。我們在心中訂下工作目標，不斷去嘗試，接受失敗的考驗，然後以另一種重生的角度瞄準目標方向，繼續前進。這種自我交談增強了我們對成功的渴望，最後能將自己的能量導向更好的性格類型。

魏特利曾說：「不斷地在內心做自我交談，肯定自己現有的一切，是增強自尊的首要關鍵。」

一對一溝通

尺寸：80×50 公分

材質：油畫

年代：2007

職場運用

　　畫面有 22 個人、11 對人一對一溝通。他們的臉色與表情，就是 12 色彩性格的心理投射情境的意象寫照。從他們雙方的互動模式中，去尋找屬於你自己目前的溝通交流方法，說出他們是以何種方式做為人際關係的互動狀態，它和你的色彩性格有多少相關？

獻給想提升人際關係的朋友

十二色彩性格測試有兩項重要功能，第一是增進自我的認知，第二是更好地瞭解他人。是最符合國人心理的投射測驗，它沒有對錯、好壞、標準的答案。

我們可以用它去洞察兩性關係、同事關係、家庭關係、上下關係等的相互作用，尤其在初入職場者的自我生涯計畫與職場發展分析方面，更具有使用價值。

隨著你不斷測試、運用它，它將引導你成為一個知己知彼的業餘心理大師！獻給想提升人際關係的朋友。

作者序

　　人是很難捉摸的，對性格內斂的中國人而言，更讓人們摸不清頭緒，因此人際關係四個字，是我們一輩子都在學習的人生必修課程。

　　除了察言觀色和其他身體語言外，我們還可以透過什麼方式來真正認識對方？靠時間的話，它緩不濟急；靠中間人，它是二手傳播，不太真實；靠紙筆測驗，它是打草驚蛇，目的性太強；在中國的習俗裡，還有靠打牌、喝酒的，但它勞民傷財，可能得不償失。以上這些種種所謂的「識人術」，大都是以主觀的經驗傳承為主。

　　到底還有什麼既新鮮又有趣的可增進彼此認識、能夠打開人際關係的新方法？做為一個遊走於藝術創作與心理分析跨兩個領域的我來說，是不是有可能結合它們兩者，用一種寓教於樂的遊戲型態來認知對方的真實本性呢？

　　經過一年多的時間、數萬人的驗證，十二色彩性格測試，這個專為中國人設計的心理投射工具，終於問世了。

所謂的十二色彩性格，就是為大家編上各種色彩代碼，這種心理印象的分類是人們的本能行為，當主管、同事、伴侶、朋友、家人與你接觸中，有讓你無法理解的時候，運用十二色彩性格測試，你就能恍然大悟，原來他是那種顏色性格的人啊！

　　它能幫助我們更好地理解對方的許多人格特質，包括優質的外在表現、負面的外在表現、積極正面的心理需求、不欲人知的心理需求、人際關係的取向、職業的發展方向等各個不同的層面，把人的整體性做了非常深入的剖析。

　　希望透過這種被動式的藝術心理分析，成為這個新世紀的中國式心理測驗，讓心理學產業化成為可能。如果我們能夠多認識自己一些、多理解對方一點，相信這個社會能變得越來越美好、祥和，想想能夠助人又可利己的事，這真是太美妙的法佈施了！

編輯序

　　這本書，看起來和許多性格測試的書差不多。沒錯，它並不是一本關於色彩心理學的書，而是一本關於性格測試和分析的書，看起來就和你讀過的那些「性格色彩」類圖書差不多——如果你翻開書的時候這麼想，那麼，非常不好意思地告訴你，你搞錯了；如果，你是一個對性格分析十分著迷的人，那麼，我非常榮幸地告訴你，等你讀完這本書，你會發現自己「搞錯了」是多麼幸運的一件事。

　　請注意，這本書雖然可以歸類為「性格色彩學」圖書，實際上書名上卻寫著「色彩性格」，「色彩」是在「性格」前面的——你知道這意味著什麼嗎？沒錯，這意味著一種顛覆，一種對傳統性格測試方法的徹底顛覆。

　　如果你像我一樣，在業餘時間裡十分熱衷於做性格測試，在嘗試過幾十甚至上百種性格測試之後，你會發現什麼？沒錯，當我們拿到一個新的性格測試的時候，很可能發現這些題目似曾相識，答案分析顯而易見。這就如同一位考生在備考的時候，做過成百上千份模擬試卷，在考場上遇到

的任何別出心裁的難題都胸有成竹。但是，對性格測試的被測者來說，這可不是一件好事。雖然我們幾乎可以「猜出」題目背後的分析，但這並不表示我們已成為一個優秀的心理分析師，對自己已經充分瞭解。

在涉及到人的性格、情感這些比較深層次的心理問題時，語言、文字的誘導分析往往顯得有些力不從心，即使可以達到表層的意識層面，卻無法再進一步，進入潛意識中，發現真正的內在心理。因此，以語言、文字為載體的心理測試，其實只能測出我們自己已意識到的層面，無法反映我們未知的另一面。

那麼，有沒有一種方法或工具，讓不懂心理學，也不願意耗費大量時間、精力，成為一個心理諮商師的人，能在短短幾分鐘內，認識真正的自己呢？沒錯，你手中的這本書，就是這樣一個簡單、實用的工具，利用九張藝術心理分析圖卡，不需要你絞盡腦汁，只要像玩遊戲一樣發揮想像，就能瞬間看透自己的性格「本色」，這簡直就像是用 X 光照射自己一樣。

不，它甚至比後者更厲害，因為它照出的不是有形的軀體，而是無形的心靈。

這種方法有沒有心理學的科學依據呢？如果你對性格色彩類圖書有所瞭解，也許就會產生這樣的疑惑。沒錯，一般的性格色彩圖書，其性格分析部分雖然看似很有道理，但對於如何得出這樣的分析，卻沒有給出令人信服的科學依據，只是讓讀者憑藉自身經驗去驗證其可靠。對心理學略微瞭解的讀者，應該知道「巴納姆效應（註1）」吧！因此，非科學的方法得出的分析結論，也往往會讓人對號入座、信以為真。而進行十二色彩性格測試，你就完全不用擔心會被「巴納姆效應」所影響，因為對你的性格判別，完全不是靠語言誘導，而是靠你自身對色彩的心理識別與想像力。其原理類似於有名的「羅夏克墨跡測驗（註2）」，是非常專業的心理分析工具。

本書作者康耀南先生，不僅是一位有豐富臨床經驗和深厚專業知識背景的心理諮商師，更是一位對生命有獨特體悟的優秀畫家。也只有這樣一位同時精通心理學和繪畫藝術的人，才能發明十二色彩性格測試，這樣將科學理性與藝術感性完美結合的心理測試工具。

　　還在等什麼？快來「領取」屬於你的色彩性格吧！

　　註 1：巴納姆效應是一種心理學現象，由心理學家伯特倫‧福勒，於西元一九四八年透過實驗驗證並提出。它可表述為：每個人都容易認為，一個籠統而空洞的一般性人格描述，特別適合自己，「準確」反映了自己的人格面貌。

　　註 2：羅夏克墨跡測驗又被稱為墨漬圖測驗，是著名的投射型人格測試。在臨床心理學中應用廣泛。透過向被試者呈現標準化的由墨漬偶然形成的圖版，讓被試者自由地看，並說出由墨跡所聯想到的東西。然後將這些反應結果，用符號進行分類記錄並分析，以此對被試者的人格特徵進行判斷。

目錄

第一部　常見的色彩性格分析

第二部　十二色彩性格測驗的應用

中國有十二生肖性格不同的說法；西方有十二星座的性格區分法，不曉得這是不是一種因緣巧合？

中國的陰曆年由十二個月份所組成，西方的陽曆年也是由十二個月份構成；生肖按陰曆年來算，星座則由陽曆年換算。

上述這些相互對應之間的性格描述，幾乎是命定的被動接受，難道同一年出生的人，或在一個月內出生的同伴，都有著類似的性格取向嗎？

相信這只是大家在茶餘飯後談論的雜項議題，而不至於認真、嚴肅地對待他們之間的種種性格分類法則。

除了上述傳統的東、西方性格學外，還有比較科學的血型性格學說。日本人從四種不同血型（A、B、O、AB）判斷你的性格傾向；美國人則是透過量表的測試，用黃、綠、紅、藍四種顏色，做為性格區分的評定方式。

想想看，從前還有十二種性格不同的傳統說明，怎麼到了現代，反而只剩下四種分辨性格的說法呢？那麼，在擁有廣大人口的中國與台灣來說，我們有什麼具有科學發展觀之下的性格分類法呢？這是很值得關注的「大問題」哦！從上面的這些資訊中，我彷彿看見了一種最適合中國人特色的性格類型測試法——十二色彩性格測試。

多年來，我一直從事藝術心理分析，有一天，我突發其想，是否可

以用畫作代替紙筆，變成一種新式的性格測試法呢？經過無數次驗證，終於有了突破。從老祖宗的智慧結晶裡，我發現了九宮格的使用原理，它也是西方完形藝術心理學的東方模式最佳呈現方式。

　　因此，我以九張方形的作品為出發點，創作了第一套的藝術心理分析圖卡，經過台灣和中國大陸不同性別、不同年齡、不同職業的數萬人群做實驗測試，建立了十二色彩性格本色常模。

　　十二色彩性格測試，就是為每個人編上色彩代碼。只是以前我們會用生肖屬性、星座落點、血型分類等，將所有你認識的人往這上面套用，存入自己的記憶系統裡。

　　由於性格本色是本能的心理投射產物，它是最真實不虛的，直接面對人性的優、缺點。而人際關係的良好與否，在於你的識人功力，如果大家能藉由十二色彩性格本色的分析，對自己與他人有更深層次的理解，相信在你的職場生涯規劃上，能帶來一種嶄新的發展契機。

　　十二色彩性格測試，對於人員的適才適所，提供了一個很好的輔助工具，也解決了人事上一些必須面對的問題（比如三個月的試用期，造成的損失等）。

十二色彩性格自我檢測

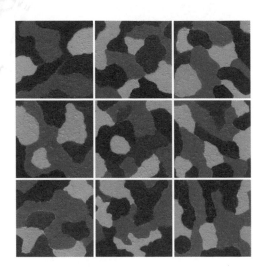

　　十二色彩性格自我檢測法，其測試工具由九張藝術心理分析圖卡和一張性格測驗表構成。九張圖卡無固定順序，以紅、綠、黃、藍四種色塊做為視覺的本能投射物件，每張圖卡都是正方形，無方向性。

　　受測者以個人的內在感覺，依次直觀說出看到每張圖時，對畫面主題的第一反應（即這張圖畫的是什麼？）。如果無法判斷，受測者可旋轉圖卡或調整遠近距離，直到發現主題為止。

　　受測者在對畫面主題進行聯想判斷時，不限於現實存在的事物，但必須都是固態形象。之後，判斷畫面主題是靜態還是動態？再判斷畫面主題的組成顏色，可多選，至少一種；最後，判斷畫面主題的主顏色（主顏色只有一種，判斷方法是看缺少這種顏色之後，畫面是否就不成形）。

　　根據所看的畫面主題形象，在十二色彩性格檢測表的括弧裡打勾，並將「組成顏色」和「主顏色」中各個顏色出現次數分別加總，即可得知自己是哪種色彩的性格。

指導語	看到圖，你首先想到什麼？（限固態）	你看到的事物是動態的還是靜態的？	你看到的事物由哪些顏色組成？（複選，至少一種）	你看到的事物的主要部分是什麼顏色？（單選）
圖 1		動（ ）靜（ ）	紅（ ）綠（ ）黃（ ）藍（ ）	紅（ ）綠（ ）黃（ ）藍（ ）
圖 2		動（ ）靜（ ）	紅（ ）綠（ ）黃（ ）藍（ ）	紅（ ）綠（ ）黃（ ）藍（ ）
圖 3		動（ ）靜（ ）	紅（ ）綠（ ）黃（ ）藍（ ）	紅（ ）綠（ ）黃（ ）藍（ ）
圖 4		動（ ）靜（ ）	紅（ ）綠（ ）黃（ ）藍（ ）	紅（ ）綠（ ）黃（ ）藍（ ）
圖 5		動（ ）靜（ ）	紅（ ）綠（ ）黃（ ）藍（ ）	紅（ ）綠（ ）黃（ ）藍（ ）
圖 6		動（ ）靜（ ）	紅（ ）綠（ ）黃（ ）藍（ ）	紅（ ）綠（ ）黃（ ）藍（ ）
圖 7		動（ ）靜（ ）	紅（ ）綠（ ）黃（ ）藍（ ）	紅（ ）綠（ ）黃（ ）藍（ ）
圖 8		動（ ）靜（ ）	紅（ ）綠（ ）黃（ ）藍（ ）	紅（ ）綠（ ）黃（ ）藍（ ）
圖 9		動（ ）靜（ ）	紅（ ）綠（ ）黃（ ）藍（ ）	紅（ ）綠（ ）黃（ ）藍（ ）

圖10				動（　）靜（　）		紅（　）綠（　）黃（　）藍（　）		紅（　）綠（　）黃（　）藍（　）	
各子項出現總次數	人物	動物	非現實	動態	靜態	紅色	綠色	黃色	藍色

（某顏色出現總次數＝該組成顏色出現次數＋該主顏色出現次數，出現一次計一分）

結果說明

外向型性格的傾向：人物出現超過三次（含），加上動態超過五次（含）；或人物出現不足三次，但動態超過六次（含）。

內向型性格的傾向：人物出現不足三次，加上靜態超過六次（含）。

中庸型性格的傾向：人物出現不足三次，動態和靜態在四至五次。

宅男宅女的傾向：非現實的東西出現三次（含），加上靜態超過六次（含）。

又：動物出現四次（含）以上，表示目前情緒起伏較大。

純色性格：如果只有一種顏色超過九分（含），其餘三種顏色都在九分以下，受測者就是純色性格，超過九分的那個顏色則為其色彩性格（註3）。

混合性格：如果相鄰的兩種顏色（按照紅－綠－藍－黃－紅的環狀

順序相鄰）的分數超過九分（含），且兩種顏色分數相差兩分以內，則受測者具有這兩種顏色的混合性格；如果三種及以上顏色的分數超過九分，也列為混合性格。

主次性格：如果相鄰兩種顏色的分數超過九分（含），且這兩種顏色分數相差兩分以上，則受測者具有這兩種顏色的主、次性格，分數高的顏色為主性格，分數低的顏色為次性格。

矛盾性格：如果對角線兩種顏色（即紅藍、黃綠的組合）的分數超過九分（含），則受測者具有這兩種顏色的矛盾性格。

未分化性格（十八歲以下不計入）：如果四種顏色的分數都在九分以下，則受測者具有未分化性格。

又：紅、黃、藍、綠四種顏色，各顏色內部又按分數不同劃分為三種，共十二種色彩性格，分類方式如下：

紅色：九～十一分（粉紅）、十二～十四分（桃紅）、十五分以上（大紅）

綠色：九～十一分（粉綠）、十二～十四分（草綠）、十五分以上（墨綠）

黃色：九～十一分（淺黃）、十二～十四分（鵝黃）、十五分以上（土黃）

藍色：九～十一分（天藍）、十二～十四分（寶藍）、十五分以上（深藍）

註 3：色彩性格是指一個人基本的人格特質，一般情況下，短期內不會隨著時間或情境的變化而發生改變。色彩性格在以下三種情況下會發生變化：第一，當一個人進入老年期時，他的色彩性格會趨向於中庸，色彩的突出性不像年輕時那樣鮮明，有可能變為混合性格的類型；第二，一個人長時間從事某項工作，原本的性格會逐漸變成適應其工作特點的色彩性格；第三，一個人遭遇突如其來的打擊，心理受創嚴重，導致性情大變，色彩性格也隨之發生明顯改變。

十字色彩性格座標圖（請見書末的附卡）

第 **1** 部

常見的色彩性格分析

第一章　純色性格

過門

在數萬個於中國大陸所做的十二色彩性格測試統計中,有百分之三十的人是屬於純色性格,他們的性格取向非常明顯,這些性格形成的因素和父母間的遺傳基因有關,但最主要的因素還是受到外界環境的影響,逐漸成形為個人的性格。

在西方,研究色彩性格已超過一甲子的時間,主要是以四個顏色做性格分析,並以量表的填寫為基礎來做測試,統計的比例是:黃色性格佔百分之四十六,紅色性格佔百分之二十七,綠色性格佔百分之十七,藍色性格佔百分之十。

色彩性格分析,將紅色性格分為三種:大紅色、桃紅色、粉紅色;黃色性格分為三種:土黃色、鵝黃色、淺黃色;綠色性格分為三種:墨綠色、草綠色、粉綠色;藍色性格分為三種:深藍色、寶藍色、天藍色。

在中國與台灣地區的比例呈現為,紅色性格佔百分之五十二,黃色性格佔百分之二十四,綠色性格佔百分之十五,藍色性格佔百分之九。

紅色性格中以大紅色的比例最多,粉紅色其次,桃紅色最少;黃色性格以淺黃色最多,鵝黃色其次,土黃色最少;綠色性格以粉綠色最多,草綠色其次,墨綠色最少;藍色性格以天藍色最多,寶藍色其次,深藍色最少。

大紅色性格

十二色彩性格自我檢測表（簡化）案例及性格概要

圖卡	畫面主題	組成色	主體色
1	一個人在朝前走	紅色、黃色	紅色
2	一個人的側面	藍色、綠色	綠色
3	一個母親抱著小孩	紅色、藍色	紅色
4	一個人在跳舞	紅色、黃色	紅色
5	一個小孩被人抱著	黃色、紅色	黃色
6	一個人的眼睛和鼻子	紅色、黃色	紅色
7	一條蜿蜒的馬路	紅色	紅色
8	一張地圖	紅色、黃色、綠色、藍色	紅色
9	一個人在奔跑	紅色、黃色	紅色

性格判定：紅色十五分，黃色八分，綠色三分，藍色兩分，為大紅色性格。

外在的表現：能充滿自信地完成工作目標，非常有活力，野心很大，多數外表有魅力；很注重自我形象，在團體中善於表現自己，不過有時易於誇大自己的成就和能力；做事講求效率，以達到目的做為成功的標準。

心理的需求：非常關注自己的聲望、權勢、地位，也非常在意自己在他人面前的表現；面對困難能夠迎刃而上，不會臨陣退縮，願意冒險犯難去完成心目中的理想；有很強

烈的自尊心，希望得到別人的肯定。

人際的溝通：喜歡與人交流，希望和人互通有無，追求務實的人際
　　　　　　交流方式，但以目標導向做為與人溝通的重點，更注
　　　　　　重目的達成。

職業的發展：凡事靠自己，對工作有活力，充滿熱忱；能快速分析
　　　　　　情勢，尋求合理有效的行動辦法，具領導者氣質，適
　　　　　　合獨當一面的工作。

性格的特質：總想超越別人，追求卓越的成就，具外向感官人格類
　　　　　　型，是競爭性的地位追求者。

大紅色性格的外在表現

優質的外在表現描述

你做事非常積極又具有活力，能夠果斷地做出決定，並能以樂觀進取的精神去達成目標。

你對任何事情能夠堅持自己的看法，並會以極大的自信心去完成任務。

你對自己的要求很高，希望凡事能夠超越別人之上，有突破現狀的理想抱負，並會快速付諸實踐。

你非常講究效率，不願意浪費時間，在有限的時間裡能把事情做好。

你對於已有的成就會大肆宣傳，並與人談論自己的豐功偉績，非常

重視自我優勢形象的樹立。

你為了成為眾人中的焦點，常會打扮得光鮮亮麗，呈現出自己最好的一面，以顯示自己的與眾不同。

你喜歡展示自己的優越性，常和他人做各種世俗化成就如社會地位、金錢方面的比較。

你對外部的一切行為舉止都帶有特定的務實性，希望成為眾人的表率，以贏得別人的肯定讚賞。

你常挑戰自己，不斷地完成短期目標，以顯示自己的超強能力。

你的表達方式非常直接，不會給人模稜兩可的感覺，讓別人清楚你的內在想法。

負面的外在表現特徵

你為了達成特定的任務，不考慮他人的感受，會用盡辦法追求目的達標。

你在應對外界的行動過程中，為了利益的完成，不理會社會的規範。

你為了維護自己誇大的自尊，表現出自大高傲，總想成為團隊中的耀眼人物。

你會利用別人來滿足自己的利益，甚至不惜去損害他人的名譽，爭取個人的權力和地位。

你認為自己非常優秀，別人無法和自己競爭，甚至會看不起別人，

並試圖打敗他人以證明自己的實力。

你在競爭過程中，摻雜著對他人的敵意和輕視，知道如何施壓，去奪取自己應該獲得的物質報酬。

你不在乎硬碰硬，能夠控制事情的整體局勢，用力量去掌控別人。

你做事欠缺思考，總是憑著感覺走，很容易衝動行事，給達成目標帶來了障礙。

你容易我行我素，聽不進去別人的建議和意見，會武斷一切，有固執己見的傾向。

以上這些正、負面的外在表現，隨著你當下與各種環境的互動，會表現出三種情況，在健康的狀態下，優質的外在表現會增加；在一般的狀態下，能擁有百分之五十的優質外在表現；在不健康的狀態下，負面的外在表現會逐漸增多。

大紅色性格的心理需求

積極正面的心理需求

你非常的要強，希望透過自己的努力達成預定的目標；凡事要求盡善盡美，會全力克服艱難險阻，直至目標的達成。

你很重視別人對自己的看法，會為了回應他人的期待，而暫時拋卻自己的內心需求。

你擁有集體意識，會運用自己的領導才能帶領他人一同奮鬥，實現

大家對成功的需求。

你是勇敢的，面對困難能夠迎刃而上，不會臨陣退縮，願意冒險犯難去完成心目中的理想。

你能夠很好的掌控整體環境，在這種情況下會積極擴張自己的勢力，以滿足對成就的渴望。

你很務實，重視現實利益，認為只有具體的東西出現在眼前，才算是真正的成功。

你很重感情，總是維護自己深愛的親人或朋友，他們若受到不公平待遇，你會全力相挺。

你喜歡高效率的工作，希望能夠不斷地完成已設定的短期目標，無法忍受無效率的方式，為了績效可以犧牲個人需要。

你對自己的要求非常嚴格，有很強烈的自尊心；對於自己的錯誤甘願承擔，並能進行自我批評。

你做事情希望得到別人的肯定，為了得到肯定，會去做任何的改變。

不欲人知的心理需求

你非常爭強好勝，希望自己處處能超越別人，有的時候會給自己設定不切實際的目標，造成巨大的心理壓力。

你很不容易滿足，總是希望得到更多，給自己帶來了很多不必要的困惑，有時候為了滿足私心會忽視別人的利益和感受。

你很固執，凡是自己想要的就會去追求，如果得不到就會憤憤不平，甚至產生報復心理。

你害怕別人對自己不認可甚至否定，為了得到他人的欽佩與肯定，有時候會掩蓋事實真相；為了得到更多關注，以滿足自己被接受和認同的需求，會變得很虛偽。

你認為強權就是公理，特別信奉弱肉強食的人生哲學。

你會用外在的名利來充填自己，以此壓抑內在的焦慮不安。

你太投入於外在世界，追求權力、地位這些表面財富的滿足，其實內心是空虛無比的。

以上這些正、負面的心理需求，隨著你當下與各種環境的互動，會表現出三種情況：在健康的狀態下，積極正面的心理需求會增加；在一般的狀態下，能擁有百分之五十積極正面的心理需求；在不健康的狀態下，不欲人知的心理需求會逐漸增多。

大紅色性格的人際關係

你經常扮演著社會上所謂成功者的角色，形象意識非常強，不太注重交流過程，重視務實面的人際關係。

你無論做什麼事情皆帶有特定的目的性，只要讓你功成名就成為一個贏家，什麼樣的人你都願意與之往來。

你對於比自己更成功的人會產生敵意。

人際關係是流於外在虛偽的情勢，而不是真實的自己。

你的人生價值，在於完成他人的認定目標，因此，人際關係的互動是來自於自我價值的體現。

你的好勝心太強，對於人際關係的建立是個警訊，適當的謙讓、肯定他人的角色、平等地對待，以便符合別人對自己的期望，是改善人際關係的第一步。

大紅色性格的職業發展

你通常擁有專業知識，會觀察現今流行的各種資訊，能快速分析情勢，尋求合理有效的行動辦法。

你凡事靠自己，對工作有活力，充滿熱忱，若遇到突發狀況，你的反應會很快。

你具有領導者的氣質，適合做獨當一面的工作，是競爭性的地位追求者。

以下的職業很適合你的發展，在這些職業上，你能運用到自己的特長，未來成功的機會也較大：廣告行銷經理、投資銀行家、業務經理、行銷代表、金融證券交易員、股票經紀人、保險代理人、軟體設計師、安全資訊專家、外科及婦產科醫師、醫療復健師、旅行社領隊、律師、軍警人員、體育新聞記者、運動教練、飛航管制人員、不動產經紀人、各行各業的個體戶。

大紅色性格的職場環境

理想職場環境

　　你很有活力，是行動至上、看重實際操作經驗、大都具外向性感官人格類型。

　　能在氣氛輕鬆、包容度大、不受拘泥形式的環境下工作，是你的職場需求。

　　你需要自由活動的空間，沒有太多的文書作業處理，也沒有太多的人事監督系統，你才能發揮所長。

　　你注重短期目標的達成，只看最後的成果。你擅長處理有形的產品，那是你的強項。放手讓你自己去做，沒有太多的進度時間表，你會更加努力完成使命。

　　在職場中，上司能公開地肯定你、獎賞你，是你最大的滿足感。

不適職場環境

　　你不想待在強調長期專案的職場環境下工作，比如工作氣氛很嚴肅，每天開會、每天寫報告，且上下級別分明的環境。像這樣的職場環境，不適合你工作的風格，會使不上力，無從發揮所長，影響你任務的達成，在職業成就上，毫無滿意度可言。

大紅色性格的自我成長之道

你可以加以控制和他人的競爭想法，它是你心理衝突的根本來源。

你要誠實面對自己，不要過於誇大自己的世俗化成就而膨脹自我。

你真正讓他人留下好印象的是真實的表現，而不是自我標榜的成功才能。

你可以學會傾聽，發展仁厚寬恕和合作的精神，瞭解自己的價值，不在於擁有物質面的豐盛，而在於感覺自己本身很重要。

你要認知自己的強硬態度，只是為了掩藏柔弱，但會對他人造成壓力，瞭解到自己內在脆弱的一面，才能真正幫助自我的成長之道。

十二色彩性格自我檢測表（簡化）案例及性格概要

圖卡	畫面主題	組成色	主體色
1	一條魚、一隻狗和一頭牛	黃色、綠色、紅色	綠色
2	一個女人	紅色、黃色、藍色	紅色
3	一個男人	紅色、黃色、藍色	黃色
4	一隻狗	紅色、黃色、藍色	紅色
5	一個女人，還有一隻狗的頭	紅色、黃色、綠色、藍色	黃色
6	一個女人的背部	紅色	紅色
7	一雙大腳頂著一頂帽子	紅色、黃色	紅色
8	一個面具	紅色	紅色
9	既像魚頭又像女人頭	藍色	藍色

性格判定：紅色十三分，黃色八分，綠色三分，藍色六分，為桃紅色性格。

外在的表現：能夠在把握全部的情況下，果斷地做出決定，企圖在最短的時間內達到目標。具有臨危不亂的領導風範，注重團隊合作，遇事能夠冷靜地面對、沉著應對，是處理危機的高手；另外也是個非常有主見的人，做事時相當堅持自己的意志。

心理的需求：注重自我的完善，喜歡挑戰自己，希望獲得他人肯定、給別人留有好的印象，有時喜歡和他人做比較來表現自己的優越性。

人際的溝通：與人交流時非常熱情，和人溝通以實用、有效為原則。不太考慮他人的感受，是個不帶感情的工作狂，有可能會忽略與家人的互動交流。

職業的發展：重視做事的能力，非常務實，善於自我推銷，是個談判高手。有能力主導一切，是擔任老闆的好角色。

性格的特質：以強者的姿態面對一切人、事、物，具有很強的領導能力。會關注外在的表現，而忽視了內心的感受，是重視形象的實用主義者。

桃紅色性格的外在表現

正向的外在表現

你是勇敢果決的，非常具有企圖心。

你是強調權力的運用，發揮自己的表現，贏得他人的尊重。

你是臨危不亂的，具有處理危機的能力。

你為了早日達成目標，會時常更改策略去完成任務。

你相當堅持自己的意志，而且有能力將它實現。

你是天生的領導者，善於鼓舞他人，實踐夢想。

你會倚靠自己的能力，喜歡和他人比較長短來獲得勝利。

你有強烈的冒險心，享受著工作，挑戰自我實現的機會。

你的溝通風格很直接，注重效率是你的專長。

你常善於抓出問題，進入核心，找到解決問題的辦法。

負向的外在表現

你總是在支配掌控範圍內的人、事、物，直接採取行動面對衝突。

你是注重權力擴張表現的，不考慮他人的現狀，以當下成功為重點。

你喜歡對別人施加壓力，命令他人做事，突出自己的驕傲所在。

你認為金錢是一種力量形式，生活的一切表現，是享受他人的羨慕眼神。

你喜愛爭辯，有主動的攻擊性，不會去迎合別人的作為。

你欠缺感情投入的方式，有不切實際的行為發生。

你太講求功利性，總是考慮別人帶來的好處後，才有所表現。

你的表現不夠真實，建立友誼後，又產生自私自利的行為表現。

你過度的計畫，參與各種活動，太過膨脹自己，一切活動皆是目標導向。

你有時會太過暴躁而具侵略性，對人不尊重又冷漠以對。

以上這些正、負面的外在表現，隨著你當下與各種環境的互動，會表現出三種情況：在健康的狀態下，優質的外在表現會增加；在一般的狀態下，能擁有百分之五十的優質外在表現；在不健康的狀態下，負面的外在表現會逐漸增多。

桃紅色性格的心理需求

積極正面的心理需求

你很注重良好的自我形象，並會藉著自己的成功對自己的形象加以維持和保護。

你能充滿自信地完成目標，這在很大的程度上是為了獲得他人的肯定。

你會做有社會性公益的贊助者或宣傳者，期望贏得他人的尊重。

你喜歡助人為樂，會想到他人的需要，而為別人服務，不會只是想到自己的需求。

你為了維護自己的權力和主張，會挺身而出，追求公平正義的原則。

你感謝目前現有的一切，覺得自己擁有的比別人多是你的福報所得，這也會激勵以後更加積極面對生活和工作。

你有良好的心理成熟度，知道事情的輕重緩急、先後順序。

你對別人寬宏大量，能支持他人實現對方的心理需求。

你做自認為正確的事，忠於自己的理想並為此而奮鬥，希望能夠透過自己的努力改善社會的不良風氣。

你很清楚如何完成自己的目標，能夠做到不受外在環境的影響。

不欲人知的心理需求

你會自以為是，認為自己是正確的，而將責任推到別人身上。

你很看重面子，為了維護自己的面子，不惜壓抑自己的內在慾望。

你恐懼他人的責難，面對別人的責難會產生嚴重的焦慮，因此在問題出現時，會毫不留情地先譴責對方。

你不能接受沒有效率的工作，對於他人的沒有效率，認為是沒有能力的表現，視對方是個失敗者。

你會放縱自己的慾求，變得貪心，只顧著滿足自己而漠視他人的需求。

你想要去獲取更多、更好的東西，追求更多的現實利益，以此來填補內在的空洞。

你害怕沒有事情可做，如此會使自己產生焦慮感，需要不停地做事以證明自己的能力。

你過於好動與善變，渴望透過有些誇大的外在表現，使自己成為眾人注意力的中心。

你過度需索各種物質享受，向別人誇耀自己的財富，表現出貪婪與

自大的一面。

你雖然擁有許多東西，但還是嫉妒那些比自己還富有的人。

以上這些正、負面的心理需求，隨著你當下與各種環境的互動，會表現出三種情況：在健康的狀態下，積極正面的心理需求會增加；在一般的狀態下，能擁有百分之五十積極正面的心理需求；在不健康的狀態下，不欲人知的心理需求會逐漸增多。

桃紅色性格的人際關係

你總想給別人留下好印象，這意味以自己期待的方式要求自我的好形象表現，而不是真實的自己。

你非常看重別人的想法，如何讓自己從人群中凸顯出來，例如比較聰明、長得好看、比他人更成功、更傑出，投射出強者的正確形象，是人際交往的重點。

你急於得到自己想要的東西，這是你的人生追求，你不在乎他人的想法。

你講求實力，不在乎硬碰硬，你知道怎樣施加壓力，如何說不而不退縮，唯一重視的是力量的顯現。

你花太多的時間營造外部的功成名就，而忽略了經營家人的心理交流。

你對別人而言是個不帶情感的工作狂，以成效論英雄，相信自己的

見解是對的，常會去糾正他人愚蠢的行為。

你擅長組織事情，創造出眾志成城的氣氛。由於自己高昂的情緒，帶動對方的成長，發展你本有的能力。

如果你多些合作、少些競爭，自己會感到更好，人際關係也會更加圓滿富足。

桃紅色性格的職業發展

你的思想非常活潑，具樂觀進取心，個性積極，獨立自主，尤其在危機處理上，有獨到的判斷力。

你重視做事的能力，非常務實，開發各種可能的方案，相信自己的直覺力，只要準備就緒，會立即做出決定。

你為了達成工作目的，經常會漠視官僚常規及程序問題，可以很好地解決當下的狀況，無法專注遠端目標達成的方式。

你善於自我推銷，是個談判高手，喜歡掌控自己的世界去主導一切，你是注重形象的實用主義者。

以下的職業很適合你的發展，在這些職業上你能運用到自己的特長，未來成功的機會也較大：

財務顧問、行銷經理、資訊系統分析師、硬體工程師、媒體從業人員、調查人員、交易談判代表、各種政治人物、鑑識專家、土地開發商、技術培訓師、各類運動員、飛行員、船長、各行各業的老闆。

桃紅色性格的職場環境

理想職場環境

你喜歡追求刺激和冒險，需要不斷的行動力，大多時間是具有外向性感官與感覺的人格類型。

能在不斷接受打擊的新公司或面臨解決難題的單位。在這些動盪下的職場環境，是你出人頭地、展現靈活鬥志最佳的機會所在。

你需要重點方向，立即行動，去爭取好的時機，不想浪費太多時間在理論上的說明過程。

你向來是膽識過人，只做認為是對的事情。不怕他人的諸多爭議，你懂得如何完成任務來說服自己。

你的職場風格是人人都有機會，強調個人責任制的職場，關注眼前的現實面利益。在執行任務中，挑戰自己的能耐，這才是理想的職場環境。

不適職場環境

你不想待在墨守成規、一成不變的事業單位裡。這種沒有生氣勃勃的公司，會讓你窒息，看不到未來。

你討厭在非自願的情況下，被公司行程表或例行事務給綁住。對於行動受侷限，沒有自由獨立成長空間的環境，是你最不能忍受的職場環境。

桃紅色性格的自我成長之道

你可以在行動前，先聽取他人的意見，以減少自己的魯莽衝動。

你太過於強勢，自己可以靜下心來學著讓步，尋求雙贏的局面。

你要更深入體會他人的心情感受，不要只想到自己的成功快樂。

你要發展社會良知，取之於社會，用之於社會，學會如何感激，讓你感到自己更加美好。

你的言行舉止太直接，容易冒犯別人或言過其實，是不是可以運用幽默感的方式，減輕人際關係的障礙？

你不要一味地和他人競爭，也不要挑戰自己的極限，而是與人合作，平等對待，能為他人的幸福奉獻出自己的力量。

 **粉紅色性格**

十二色彩性格自我檢測表（簡化）案例及性格概要

圖卡	畫面主題	組成色	主體色
1	一隻大象用鼻子捲著一根木頭	紅色、黃色、藍色	紅色
2	即將注入大海的河流	藍色	藍色
3	衛星地圖	紅色、藍色	紅色
4	一個卡通小孩	紅色、黃色、綠色、藍色	藍色
5	一隻烏龜趴在沙灘上曬太陽	紅色、黃色、綠色	紅色
6	一隻熊媽媽抱著一隻熊寶寶	黃色	黃色
7	一群企鵝	紅色、黃色、藍色	藍色
8	一隻小兔子在向前奔跑	黃色	黃色
9	一隻騰飛的鳳凰	紅色	紅色

性格判定：紅色十分，黃色八分，綠色兩分，藍色七分，為粉紅色性格。

外在的表現：很有魅力、很受大家的歡迎。以積極行動為主導，對每一種刺激都有立即反應，能以實際行動證明自己的能力。喜歡挑戰自我，在不斷追求新鮮事物中，帶給你的嶄新體驗。做事情會要求盡善盡美，把事情做

對、做好。擅長激勵人心，懂得掌握他人的心理動機。會以自己的專業表現為榮，並希望以此吸引他人的注意，使自己成為眾人注目的焦點。注重團隊力量，對他人真心誠意的付出。能夠凝聚團隊共識，發揮大家的力量，向成功的未來挺進。

人際的溝通：經常扮演完美形象的角色，讓自己成為他人的典範。不喜歡談到個人的內在情緒感受，害怕真實的親密關係。對他人會有抵觸的情緒，有強烈的佔有慾。

職業的發展：要有明確的工作目標，喜歡內容很多元化的專案，尤其是適合以戶外活動為主的職業。是好的市場行銷人才，適合擔任開創事業的主管角色。

性格的特質：會包裝自己展現特長，具外向感覺的人格類型，是自誇的完美主義者。

粉紅色性格的外在表現

優質的外在表現描述

你很有魅力，也很受大家的歡迎，你一直很努力做事，以使自己的表現更好。

你通常在某方面很優秀，有很傑出的表現，是其中的佼佼者。

你是良好活動的宣導者，能夠將活動舉辦得有聲有色，同時也希望

他人效法你的成就。

　　你說話、做事都會根據場合，會依照他人的期待來包裝自己。

　　你重視別人的看法，會回應他人的期待，並根據你的回饋來調整自己。

　　你尊崇行動至上，對每一種刺激都有立即反應，會用實際行動證明自己的能力，以達到自己的理想和追求。

　　你喜歡挑戰，不斷追求新鮮事物帶給你的嶄新體驗，並希望內化為自己的東西。

　　你認為自己是客觀公正的，凡事都會按照個人的表現來評定績效。

　　你做事情要求盡善盡美，會把事情做對、做好，以完美的要求為依歸。

　　你集中全力贏取工作目標，以展示自己的優越感。

負面的外在表現特徵

　　你為了達成任務，有時候會不顧別人的利益和感受，會有自私自利的行為表現。

　　你習慣於作秀的表演，重視形式而不重實際內容。

　　你為了追求物質上的成功會採用各種手段，善變是很必要的。

　　你會用剝削他人的方式，來滿足自己的私慾。

　　你對他人的成功會表現出公開的敵意，不希望別人超越自己，會去

破壞、傷害對方。

你總是拿自己的成功面和人相互比較，炫耀自己的優秀，展現自戀的行為。

你缺乏自信，需要用他人的讚賞證明自我的存在價值。

你會輕視那些對自己毫無利益可言的人，只和那些能增進自己社會地位的人交往。

你容易衝動而無禮，常有攻擊和辱罵他人的行為表現。

你會誇大自己的成就能力，以此掩飾自己的失敗及能力不足。

以上這些正、負面的外在表現，隨著你當下與各種環境的互動，會表現出三種情況：在健康的狀態下，優質的外在表現會增加；在一般的狀態下，能擁有百分之五十的優質外在表現；在不健康的狀態下，負面的外在表現會逐漸增多。

粉紅色性格的心理需求

積極正面的心理需求

你擅長激勵人心，懂得掌握他人的心理動機，以此鼓勵大家一同為目標打拚。

你非常享受工作，在此過程中證明自己本身的價值意義。

以自己的專業表現為榮，並希望以此吸引他人的注意，使自己成為

眾人眼中的焦點。

以理性判斷各種人和事物，並能夠從中得到自我成長所需要的經驗和各種資源系統。

你注重團隊力量，會凝聚團隊的共識，發揮大家的力量，向成功的未來挺進。

你會嘗試不同的任務，直接挑戰自己的能力，為別人做出完美的典範。

你總想擠入上層階級去實現好的利益回報，同時也證明自己的實力。

你喜歡對他人真誠付出，這樣的付出既給了別人很好的幫助，也為自己創造出了更真實的人生價值。

你能以別人的意見為重，強烈希望融入社會，成為中堅份子。

你願意站在對方立場，理解他的感受，消除了高人一等的優越感。

不欲人知的心理需求

你企圖在競爭中打敗他人，以證明自己的優越感，有時候會用非正常的手段。

你無法承受壓力過久，也害怕被他人排斥。

你害怕失敗的挫折，而且自己不願坦誠面對，認為你是輸家。

你為了達成目標會佔人便宜，是個十足的投機主義者。

你一切以自己利益至上，為了獲取自己想要的東西會說謊，甚至利用他人也不感到有罪惡感。

你只要有利可圖就有人際交流的可能，他人只是滿足自己的工具。

你會以外在的社會地位去迷惑他人，以達成自己的支配慾。

你為了顯示自己有更大的吸引力，會壞人名聲、破壞別人的成果。

你暗地裡怕他人比自己優越，所以傷害他人，才能凸顯你的價值。

你嫉妒那些擁有你想要得的東西的人，他會成為你惡意攻擊的目標。

以上這些正、負面的心理需求，隨著你當下與各種環境的互動，會表現出三種情況：在健康的狀態下，積極正面的心理需求會增加；在一般的狀態下，能擁有百分之五十積極正面的心理需求；在不健康的狀態下，不欲人知的心理需求會逐漸增多。

 ## 粉紅色性格的人際關係

你從小就是個榮譽感很強的孩子，為家裡爭口氣，努力打拼賺錢，成就事業上的成功，讓大家都尊敬你；唯有出人頭地，才能談人際關係的建立。

你常扮演完美形象的角色，讓他人注意你的典範奮鬥作為。你經常給別人壓力，以激發你競爭意識的動力。

你待人通常是沒有耐心的，言語犀利不帶感情，厭惡花太多時間在

人際溝通上，以行動後的成效來論彼此的功利現實關係。

你喜歡談論自己的工作成就，也表現出自己是很有實力的。接受人們的肯定，才顯出你的優越感。

你不喜歡談到個人的內在情緒感受，一切以實質面的外在表現為準則，你堅持效率為處世原則。

把人生看成是適者生存、不適者淘汰的血淋淋競爭。現實是非常殘酷無情的，唯有不斷擴張自己的版圖，才能獲取尊崇的地位。

你會不斷地舉出例證來說服他人，堅定志向，突破現狀，完成宏偉的事業。

如果你能放下身段，不做自戀性的過度補償行為，也允許自己把一些不光采的事情曝光於他人面前，如此的人性化作為，將會讓人際關係打開另一個美妙的視窗。

粉紅色性格的職業發展

你要有明確的工作目標，喜歡內容很多元化的專案，尤其是以業務活動為主的職業。

你具有隨機應變的能力，會直接採取行動，也不願坐著空談。

你對於工作的完成期限是具備彈性的，只看最後的成果好壞。

你做事的方式非常務實，願意面對各種挑戰，而且會說服他人，一起加入團體組織，共同奮鬥。

你善於激勵他人，行事公正，處事果決，以正向的發展看待事情，是注重自我發展的完美主義者。

以下的職業很適合你的發展，在這些職業上你能運用到自己的特長，還有很多職業未被納入，但也有類似的模式。你選對了職業，相信未來成功的機會也較大：採購經理、導演、演藝人員、攝影師、談話性節目主持人、俱樂部經理、私家偵探、遊說代表、稅務員、景觀建築師、農牧場經營者、飛行教練、一般的承包商、各種行業的經紀人。

上述這些工作，不僅有較高的薪資水準，也具有很高的成長潛力。

各種行業，也都有符合各種色彩性格的成功實例出現，但比例較少。假使你目前的工作不盡理想，可以考慮轉換人生跑道，重新規劃你的職場生涯。

 ## 粉紅色性格的職場環境

理想職場環境

你喜歡利用幽默的方式拉近彼此的距離，大都具有外向性感覺人格類型。

能在充滿樂趣、變化多樣的環境下工作，可以幫助你的自我成長。

同事們都樂觀進取，個性直率，會以個人績效來評判工作成果。

能在工作上，時常出差，面對不同的任務挑戰，你會覺得很開心興奮。

你的職場風格是以自己的作業方式，完成公司發展的目標，得到主管的大力肯定及績效獎金的實質報酬。

不適職場環境

你不喜歡沒有朝氣、死氣沉沉的工作環境，那會讓你提不起勁來。

強調中規中矩的公司作風，讓你充滿隨機應變的行事風格，產生抵觸情緒。

對於論資排輩的單位，會使你感到興趣缺乏，也受不了那些愛頤指氣使、老大官僚的主管作為。

像這樣的職場環境，不知變通、不符人性的做法，無從發揮你這位開創局面的角色扮演者。

粉紅色性格的自我成長之道

你除了在物質面的追求得到滿足外，對於精神上的充實也應有所注重，才能讓自己朝最好的方向發展。

你可以追隨自己的強項前進，不用費心和他人做比較，或羨慕對方的成功，專注於自己的能力上做最好的自己。

你不要過於自戀誇耀自己，顯得別人不如自己的感覺。多考慮他人的感受和需求，如此，你會成為更加優秀完美的人。

你總希望被人們接受，讓自己變成可信賴的。因此請發展出你獨特、傑出的風範，去帶動他人走入更好的康莊大道。

土黃色性格

十二色彩性格自我檢測表（簡化）案例及性格概要

圖卡	畫面主題	組成色	主體色
1	一個跳橡皮筋的小女孩	紅色、黃色、綠色	黃色
2	一座古老的房子	紅色、黃色、綠色、藍色	黃色
3	兩隻狗熊在廝殺	紅色、黃色	黃色
4	一群在水裡嬉戲的鴨子	紅色、黃色、綠色、藍色	紅色
5	交叉的馬路，路上車輛、行人匆匆	藍色、黃色	黃色
6	三隻獅子，一家三口在漫步	黃色	黃色
7	兩朵花	紅色、藍色	藍色
8	烏龜、大象、老鷹	黃色	黃色
9	一隻蠍子向前爬行	紅色、黃色	黃色

性格判定：紅色七分，黃色十五分，綠色三分，藍色五分，為土黃色性格。

外在的表現：對人親切友善，能平等對待他人，與人相互扶持。一切作為以團體為榮，重視團隊的榮譽，強調互助合作的方式，認為團隊合作能夠發揮出更大的力量，在團隊中也容易與人親近。

心理的需求：有很好的心理調節能力，有很強烈的自尊心，並尋求他人的贊同，以肯定自我的能力。會建立與人合作的關係，以此延伸自我的安全感。自我控制能力比較強，能不斷調整自己去完善與環境的關係。

人際的溝通：追求團體的和諧穩定，以穩定成長為動力，達成團體一致的目標。展現親近和善的態度，以減少人際交流上產生的潛在敵意。當承受長期壓力時會失去親和力，而採取互相對立且不信任對方的立場，會開始做出反擊的行為。

職業的發展：擅長規劃公司內部的各種作業流程，能堅守本分，適合擔任幕僚職務。

性格的特質：腳踏實地，很可靠，具內向感覺的人格類型，是承諾的忠實執行者。

土黃色性格的外在表現

優質的外在表現描述

你親切友善，相信自己能平等對待他人，相互扶持。

你遵守規則，順應社會傳統規範的要求。順從的行為，是值得加以獎勵的。

你的表現符合單位的要求，一切作為以團體為榮，重視團隊的榮譽。

你是團隊中最合群的成員，能夠和團隊其他成員很好地合作完成大家的既定目標。

你強調互助合作的行為，認為團結合作能夠發揮出更大的力量，在團隊中自己也容易與人親近。

你有一種無形的吸引力，可以讓他人喜歡自己的行為。

你工作勤奮，盡全力將工作做好，是值得信賴的。自己的其他表現也令他人信任。

你的作為，以傳統的社會規範及共同價值為依歸，能忠誠地堅守自己信賴的價值觀。

你追隨權威來引導自己的方向，才能安全向前邁進，不會產生顧慮。

你滿意做一個傳統的人，歸屬於團體，相信大家的力量遠勝於個人的表現。

負面的外在表現特徵

你在行動之前常會考慮太多，過於謹慎而變得優柔寡斷，不敢果斷前進。

你常用非理性的行為方式來面對你周圍的人、事、物，以此來掩飾自己的恐懼心理。

你較缺乏做決定的能力，凡事猶豫不決，總是要徵詢他人的意見才能有所行動。

你的行為容易反覆無常，情緒也很不穩定，導致他人對自己的行為舉止產生困惑。

你表面上順從權威，凡事聽從上司的安排，但又會暗地裡消極抵抗權威。

你沒有足夠的自信心，會有自我貶抑的行為，怕自己做不好事情，必須藉著外部力量才能把事情做好。

你會逃避任務，以補償內在的不自信和不安全感。

你對事情容易反應過度，會把問題誇大，感覺自己不能勝任。

你有時會攻擊他人，以克服那種不如對方的感覺。

以上這些正、負面的外在表現，隨著你當下與各種環境的互動，會表現出三種情況：在健康的狀態下，優質的外在表現會增加；在一般的狀態下，能擁有百分之五十的優質外在表現；在不健康的狀態下，負面的外在表現會逐漸增多。

土黃色性格的心理需求

積極正面的心理需求

你愛討好人，希望得到別人的信任，同時信任他人對你也很重要。

你用積極的態度迎接生活和工作，證明自己有足夠的能力。

你順從權威形象，是個維護傳統的人，行為表現符合社會傳統規範。

你有很好的心理調節能力，能夠克服對他人的矛盾感，讓自己情緒變得穩定。

你對人很平和，有一顆寬容的心，能有成熟而穩定的心理與他人相處。

你有很強烈的自尊，這種自尊是來自於自己獨立學習到的知識和能力。

你尋求他人的贊同，以肯定自我的能力。

你擁有足夠的自信心，能夠自我肯定，相信自己，也相信別人。

你喜歡團體的氛圍，會建立與人合作的關係，以此延伸自我的安全感。

你的自我控制能力比較強，能不斷調整自己去完善你與環境的關係。

不欲人知的心理需求

你喜歡按部就班的工作，不敢接受有風險的工作，害怕承擔責任，不想增加額外的壓力。

你比較內向，對於壓力的增加會有緊張的傾向，卻不知道如何才能減輕壓力，結果使得自己變得更加保守。

你缺乏安全感，在工作和生活中會過度依賴他人，總是認為自己不如人，需要別人的保護，有時會想像他人對自己的陷害而充滿焦慮感。

你注重保障，沒有勇氣挑戰自己，感到自己的懦弱、無價值。

你在權威形象前，會貶低自己，從團隊給予的支持來獲得安全感。

你讓團體幫自己負責任，不想獨立自主承擔責任，那會有焦慮的感覺。

你的心理複雜多變，又不懂得變通，會被動壓抑自己，讓人無從理解你的溝通模式。

你對人有很強的防衛心，又很保守，不輕易信任他人。

你總是在逃避自己，不想面對矛盾的自我，有自我設限的傾向。

以上這些正、負面的心理需求，隨著你當下與各種環境的互動，會表現出三種情況：在健康的狀態下，積極正面的心理需求會增加；在一般的狀態下，能擁有百分之五十積極正面的心理需求；在不健康的狀態下，不欲人知的心理需求會逐漸增多。

土黃色性格的人際關係

你常把達成團體一致的目標放在第一位，自己將大部分的心力放在團隊的發展上。

你總覺得當自己和同伴一起努力的時候，可以激發你的能力，且更願意以實際作為追求自我的成長。

你會預想太多的狀況發生情形，內心存有恐懼的不安全感，造成他人認為你很難捉摸，不知如何相處。

你需要強而有力的權威主管，帶領你去做所謂正確的事情，你才有心裡踏實的感覺。

　　你展現親近和善的態度，以減少人際交流上產生的潛在敵意。

　　當你承受長期壓力時，會失去親和力，而採取互相對立且不信任對方的立場，你會開始做出反擊的行為。

　　如果你能既堅持己見，又服從團體一致的方向增強自己的自尊心，相信處理人際關係會愈加成熟與穩定。

土黃色性格的職業發展

　　你是腳踏實地的，也是最可靠的，做事情井然有序，小心謹慎，會認真看待自己的承諾。

　　你不管身在什麼單位，都很重視階層體制的關係，尊重合約的規定。你會按照傳統的社會理念，從事對大眾有益的工作。

　　你尊重歷史傳統和權威形象，你關注穩定的系統，對於抽象的概念及未經證實的理論，比較無法引起你的興趣。

　　你擅長規劃公司內部的各種作業流程，也樂於融入人群。你能緊守本分，做好分內的事情，不會做出太過出格的事，你是注重承諾的忠實執行者。

　　以下的職業很適合你的發展，在這些職業上你能運用到自己的特長，還有很多職業未被納入，但也有類似的模式。你選對了職業，相信

未來成功的機會也較大：財務分析師、審計人員、會計師、銀行高級主管、精算師、行政幕僚長、校長、醫療人員、法官、律師、各類型經理人。

土黃色性格的職場環境

理想職場環境

你會因為受到他人的肯定與賞識而有良好的表現，很謹慎、負責地把交辦的任務準時處理好，大都具有內向性感覺人格類型。

能在穩定發展的企業和國營單位環境裡，有好的權威背景寄託，更可以發揮你為團隊服務、貢獻的力量。

你有管理才能能把政策執行到位，在尊重官僚體制階級的制度上，循規蹈矩，對社會負起實際的責任。

你的職場風格是以團體合作的方式，大家群策群力，以公司目標為嚮導去完成團隊的使命。

不適職場環境

你不適合在過於變動的環境下工作，這樣會讓你產生焦慮、沒有安全感。

你不喜歡在強調個人表現的單位工作，同事間競爭太激烈會對你造成莫大的壓力。

對於擔任單位的領導者，承擔一切的組織成敗，會讓注重和諧發展

的你感到力不從心。

在剛成立的公司裡，由於太多的不確定因素存在，個人需做不同的任務工作，政策也不明確，導致你的實際能力無從發揮。

 ## 土黃色性格的自我成長之道

你常在壓力下感到焦慮，有時會反應過度，憂患意識特別強烈，有誇大威脅的傾向。

這種負面的思考模式，是你的防衛性太強所致。要相信你有能力、有信心完成任務的指標。

你太要求確定感，過於保護自己，試著以理性的思考去引導積極正向的作為，打破內心依賴他人做保證的想法。

你要有勇氣表達自己的感受，特別是針對那些所謂的權威形象人士，比如主管等，當你能真實地做自己的主人，不壓抑自己的恐懼、多疑心理，維持內在的情感平衡，就是成熟的自我成長表現。

鵝黃色性格

十二色彩性格自我檢測表（簡化）案例及性格概要

圖卡	畫面主題	組成色	主體色
1	草坪上一隻狗注視著河裡的魚	紅色、黃色、綠色	綠色
2	一個人戴著帽子	紅色、黃色	黃色
3	一個人的頭戴著帽子	紅色、黃色	黃色
4	一頭牛在耕地	紅色、黃色	黃色
5	一種像羊的動物	綠色	綠色
6	一個人向前奔跑	紅色、黃色	黃色
7	一個人蹲在河邊洗衣服	綠色、藍色	藍色
8	一個布娃娃	黃色、藍色	黃色
9	一棵古老的松樹	紅色、黃色	紅色

性格判定：紅色七分，黃色十二分，綠色五分，藍色三分為鵝黃色性格。

外在的表現：能規範自己的生活，外在表現符合社會傳統，做起事情較為保守。非常好的自我控制能力，注重內部細節，可以將組織規劃很好。無論是單獨作業或與人合作，都能表現得令人信賴。

心理的需求：強調安全感、歸屬感，非常關注自己被所屬的團體認

同，重視生活保障，在穩定的生活形態中才能安全地發揮所長。欠缺獨立性，希望被接納、被支持，信仰傳統價值與規範。

人際的溝通：在人際關係的交流上，經常以不傷和氣為原則，很在意和諧融洽的氣氛。希望和他人的生活步調一致，看法、態度相似，故較難拒絕別人的請求，害怕得罪人，有逃避正面衝突的傾向。

職業的發展：喜歡規定清楚、目標明確、進度控制有效的公司部門。能忠實執行公司的政策，確保事情的進展，在有規範的部門系統較能發揮所長，因此適合擔任公務員角色。

性格的特質：喜歡維持自己內心的平靜，凡事以追求和諧為重，是順從性的傳統主義者。

鵝黃色性格的外在表現

優質的外在表現描述

你在面臨外界的利益關係時，會去維護彼此間的情誼，不會私自獨享。

你無論是單獨作業或與人合作，都會盡心盡力工作，忠於職守地做完該做的事情。

你需要良好的制度約束，以原有的規範為原則，能按部就班地辦好事情。

你的表現相當友善，希望大家相處得和諧融洽，但又會保護自己的利益不受傷害。

你能夠提供支援援助，幫忙他人順利完成工作，是可信賴的好夥伴。

你非常自律，強調權威和上、下級別的關係，注重內部細節，可以將組織規劃得很好。

你能夠認同他人，尊重大家的勞動成果，希望透過大家的共同努力將工作進行到位。

你會調整自己的行為方式，不固執己見，會認真聽取別人的建議和意見，希望和他人相處愉快。

你能規範自己的生活，有良好的自我約束能力，合乎社會傳統價值的自我形象表現。

你對於自己訂下的工作目標，能非常重視細節，以嚴謹、可靠的方式完成任務。

負面的外在表現特徵

你為了緩和與人對立的形勢，會放棄自己的主張，以求和諧發展。

你的行為太過被動，工作效率不是很高，這會使自己無法在限定時

間內做出成績。

你不願意直接面對問題，會避重就輕地躲開它，害怕獨立承擔相應的責任，總是讓自己置身事外。

你性格內向，太拘泥於傳統的角色扮演，忽略了時代潮流的演變。

你常以口號代替行動，很多時候不能達成自己設定的目標或中途放棄。

你會在社交或工作上，有習慣性的抱怨態度，並做出消極的抵抗行為。

你會抗議他人的要求多麼不合理，做為對抗外部壓力的非理性表現。

以主管做為擋箭牌，會對他人做出虛張聲勢的威嚇行為，以保障自己的權益。

把他人分為支持者或反對者、朋友或敵人，表現出明顯的敵、我二元化行為。

以上這些正、負面的外在表現，隨著你當下與各種環境的互動，會表現出三種情況：在健康的狀態下，優質的外在表現會增加；在一般的狀態下，能擁有百分之五十的優質外在表現；在不健康的狀態下，負面的外在表現會逐漸增多。

鵝黃色性格的心理需求

積極正面的心理需求

你是合群的，能夠在組織裡找到自己的歸屬感，滿足自己的心理需求。

你在穩定的生活形態中，才能安全地發揮所長，需要有保障、安全的環境做為依附。

你注重團隊精神，認為大家都有貢獻，沒有太多的個人主義。

你會預先防範意外，將工作安排得井然有序，才有如釋重負的感覺。

你重視現實環境的資源搭配，能理清工作的方向，心中才會踏實。

你所付出的心力，希望能得到部門單位的大力支持與同事的接納，這樣才能有安全感。

你關注生活的保障，需要穩定、安全的系統，它是你一切動力的來源。

你很懷舊，眷念過去的溫馨回憶，追求安逸平靜的生活，深諳平凡就是幸福的人生道理。

你能設身處地為人著想，會包容不同的觀點，希望能夠從別人那裡學到更多的經驗。

你處世溫和，不與人為敵，不居功也不爭名。

不欲人知的心理需求

你在處理事情時，習慣於避免衝突和緊張，害怕這些心理衝突引發你的焦慮感。

你常會怠慢疏忽問題的根本，不願面對已存在的問題。

你太過於重視規範制度，太遷就環境的制約作用，而埋沒了個人的獨特自主性。

你做事比較被動，太壓抑自己來認同他人，無法確認自我實際的內在真正需要。

你常會自我欺騙，粉飾太平，逐漸與現實脫節而毫無感覺。

你為了加強人際關係，會過分以他人意見為依歸，成為沒主見的人。

你太屈從社會角色的扮演，常成全他人而忽略了自己。

你心態保守，看重過去的權威價值傳統，缺乏自我成長的動力需求。

你由於不深入體驗自己的感受，感情很浮誇而不真實。

你在危機來臨時，有時意識不到嚴重性，而錯過處理的好時機。

以上這些正、負面的心理需求，隨著你當下與各種環境的互動，會表現出三種情況：在健康的狀態下，積極正面的心理需求會增加；在一般的狀態下，能擁有百分之五十積極正面的心理需求；在不健康的狀態下，不欲人知的心理需求會逐漸增多。

鵝黃色性格的人際關係

你用太多時間應付外界環境的不確定感，以保持內心的安全心理需求，容易造成你的壓力源。

你希望和他人的生活步調一致、看法態度相似，較難拒絕別人的請求，害怕得罪人，有逃避衝突的傾向。

你在面對選擇、做決定時，總喜歡找人商量討論，由於自己的思慮再周密也難保萬無一失，顯示你的憂患意識特別強烈。

你對於感情的付出相當保守，習慣將自己內在的恐懼投射到對方身上。你深怕被對方拋棄，為了得到他人的保證，會努力守本分地把事情辦好。

在人際關係的交流上，經常以不傷和氣為原則，很在意和諧融洽的氣氛，為了不想造成傷害，會隱瞞事實，結果可能造成更大的損失。

你常以社會大眾的思考方式和生活準則，要求自己的作為符合傳統倫理，這樣才能和外界互動有更好的一致性。

鵝黃色性格的職業發展

你是做事細密、注重小細節、擅長組織的人。

你對公司一切制度的完善，十分在意。過於有彈性的新公司，會讓你失去安全感。

你喜歡規定清楚、目標明確、進度控制有效的企業。你能忠實執行

公司的政策，確保事情的進展，井然有序，在正確的方向前進。

　　你會檢驗案子的可行性及相應的成本概念，能理清爭議和其中的困難點，使團隊能充分發揮它最佳的功能。本質上，你是服從權威的傳統主義者。

　　以下的職業很適合你的發展，在這些職業上你能運用到自己的特長，還有很多職業未被納入，但也有類似的模式。你選對了職業，相信未來成功的機會也較大：管理顧問、專案經理、網頁製作、稽核人員、工程師、行政主管、資訊安全專家、各類公務員。

鵝黃色性格的職場環境

理想職場環境

　　你注重與他人的互動，對於有明確階級組織的公司，會讓你心無阻礙，平順、自然地投入工作，大都具內向感覺與感官的人格類型。

　　你對於具體的實際產品，能夠看得到及摸得到的東西特別感到興趣。得知每段時間有金錢收入的保障和能預見前途的發展是你的職業需求。

　　你所屬的企業，如果是聲譽良好的大公司，有清楚的上、下指揮鏈，能論資排輩一步步爬上高階職務，是你最理想的職場環境。

不適職場環境

你無法看清公司的發展方向，對於自己的工作目標不明確及生活保障的不足，是你無法忍受的。

公司的部門界限不明顯，你除了本分工作外，還要替代他人的任務，這會影響你的心情，害你分心，讓自己在工作表現上的滿意度很差。

對於注重創意發揮的公司，變動性太大你怕無法跟上它的腳步，容易產生不安全感的焦慮想法，無法發展自己的強項。

鵝黃色性格的自我成長之道

你是否花了太多時間考慮事情，而忽視對自己內在真正想法的落實。生活上的變化，是最實際的，正視它才是成長的開始。

學會表明自己的立場是非常重要的，除了生活有保障外，自己的人生還需要些什麼？也是值得你思考的方向。

你的心理沮喪沒有自信，是因為怕做錯事，讓具有權威形象的人對自己的懲罰，試著理性看待犯錯的可能，它將使你突破自己的設限。

如果你能堅持做最好的自己，創造一種溫馨和平的氣氛，大家同心協力，使自己的特長有所發揮，就是邁向成功的一大步。

十二色彩性格自我檢測表（簡化）案例及性格概要

圖卡	畫面主題	組成色	主體色
1	一隻仰面躺著的老鼠	紅色、黃色	黃色
2	一隻從岸邊走向沙灘的烏龜	紅色、黃色	黃色
3	魚缸裡的四條魚在爭搶食物	紅色、黃色	紅色
4	一隻不知道是什麼動物的蹄子	藍色、黃色	黃色
5	一隻手	黃色、綠色	綠色
6	一個小孩在沙灘上奔向媽媽	綠色、藍色、黃色	藍色
7	一個人兩手都拎著重物	紅色、藍色	紅色
8	一個人在跑步	綠色	綠色
9	一棵枯死的大樹	紅色、綠色	綠色

性格判定：紅色七分，黃色九分，綠色七分，藍色四分，為淺黃色性格。

外在的表現：遵守本分，注重保障性，以團體的目標為重，希望氣氛和諧融洽，以團體內部的團結為重點。做任何事情強調合理性，會提前做好整體規劃後，才會採取實際

行動，因此有變通性不足的傾向。

心理的需求：允許自己察覺自我的內在感受，並對自己的行為進行
反思。容易接納他人，關注自己的心理需求，並能夠
考慮到別人的感受。喜歡強調歸屬感，希望被別人接
受認可，有時會壓抑自己的慾望。

人際的溝通：能夠包容別人不同的觀點，在人際交往中比較被動，
常將自己居於下位，把別人過分理想化。希望透過贊
同別人而使自己被接納。

職業的發展：喜歡在整體方向清楚的公司服務，尤其在人員流動率
低的部門裡工作，適合傳統、安定、持續性強的工作
環境。以內勤為主，能做好自己分內的角色。

性格的特質：注重安全感，容易滿足現狀，具內向感官的人格類型，
是依賴性的權威服從者。

淺黃色性格的外在表現

優質的外在表現描述

你是守本分的，會按照社會傳統規範和相關規定處理好事情。

你能在規定範圍內，完成上面交辦目標明確的任務。

你善於接納人，注重關係和諧。以團體的目標為重，希望氣氛和諧
融洽。各種作為，皆是為了加強部門單位內部的團結。

你的表現很謹慎小心，注重細節，盡量不犯過錯。

你的方向明確，能按部就班完成使命，希望能在穩定、安全的系統中持續工作。

你做事強調合理性，要提前做好整體規劃後，才能採取實際行動，容易和他人產生共識感。

你以團體為重，較不注重個人突出的表現，只需要按部就班地做好工作。

你一切的作為，合乎傳統倫理規範的習慣方式，需要良好的制度約束。

你寧願做出讓步，也不想因爭執而破壞團隊和諧的氛圍。

負面的外在表現特徵

你遇到工作目標不明確，會產生非理性的行為，表現出自己的不安。

你會壓抑自己，為了釋放焦慮會私下被動攻擊他人，逃避自己無法勝任的任務。

你做決定的表現很被動，自信心不足，做事猶豫不決，總在徵詢他人的意見。有時會把事情拖到最後關頭才行動，讓自己的壓力快速增長。

你具有被動攻擊的做法，喜歡逃避問題，又愛與人爭辯，使他人很難理解你的作為。

你注重別人對自己的看法，會用不同方式考驗他人對自己的想法，

造成自己行為上的困惑。

你常充滿偏見且有刻板的行為方式，有自我貶抑的外在表現。

你總想逃避發生困難的環境，怕自己無能力克服它帶來的壓力，而有不知所措的表現。

你因為猶豫不決，所以對事情的處理太溫吞，最後總是會依賴他人幫你做總結。

以上這些正、負面的外在表現，隨著你當下與各種環境的互動，會表現出三種情況：在健康的狀態下，優質的外在表現會增加；在一般的狀態下，能擁有百分之五十的優質外在表現；在不健康的狀態下，負面的外在表現會逐漸增多。

淺黃色性格的心理需求

積極正面的心理需求

你認為團體的力量遠勝個人，希望在團結的團隊裡工作，它能滿足你心理的需求。

你遵守權威的安排，有相應的規範約束自己的行為表現，才能有踏實感。

你會允許自己察覺自我的內在感受，並對自己的行為進行反思，以總結經驗和不足之處的改善。

你要求自己專注於正在進行的事情，不能分心、認真做好每一件事情。

你在做重大決定時，會請自己信任的人提供意見。

你可以將內在的恐懼與焦慮和他人一起交流討論，希望能夠得到別人的理解和支持。

你容易接納他人，注意你的心理需求，能夠考慮別人的感受。

你會以更成熟的態度接受自己應承擔的責任，遇到問題可以冷靜對待。

你學著用積極主動的心態表達自己的慾望需求，希望被別人接受。

你有相信別人的傾向，找到值得自己信賴的人，能讓你更有歸屬感。

不欲人知的心理需求

你的防衛心太強，在事情進展不順利時，容易發牢騷和往壞處想，會有怪罪他人的傾向。

你很害怕他人的拒絕，如此會讓自己喪失自信心，失去鬥志。

你會太主觀誇大自己對他人的想法，掩蓋事實的真相。

你常有負面的思考模式，有時候會有消極處世的態度，對自己的能力不完全認可。

你太崇拜權威，努力迎合它的指引，失去自己的自由意志。

你常會給他人模糊不確認的資訊，沒能真正表達自己的態度，使得

別人難以理解。

你內心的柔弱與不果斷，導致你做事拖拉，造成他人對自己的誤解。

你為了維持內在的情感平衡，會表現很強硬的態度，但內在心理並不是那麼堅強。

你為了與人和睦相處，會順從他人，壓抑自己的情感。

以上這些正、負面的心理需求，隨著你當下與各種環境的互動，會表現出三種情況：在健康的狀態下，積極正面的心理需求會增加；在一般的狀態下，能擁有百分之五十積極正面的心理需求；在不健康的狀態下，不欲人知的心理需求會逐漸增多。

淺黃色性格的人際關係

你能夠包容不同的觀點，可以設身處地體諒不同的立場；在人際交往上，沒有太多的爭議方式。

你不會強力推銷自己的想法，或極力爭取他人的認同。自己的意見不被團體重視，也不會惱羞成怒，性格較溫吞，也好相處。

你通常較被動，也操心雞毛蒜皮的小事，過於未雨綢繆而變得焦慮不安。與他人互動過程裡，會不斷分析彼此間的問題，總認為壓力源於他人，而不是自己所造成，有先入為主的概念。

你很愛鑽牛角尖，會先設定好情況再與人溝通，希望得到他人的接納。很看重對方溫暖、真誠的態度，在沒有壓力下的交流是你最期待的。

你對各種人和事物，基本上充滿不安全感。事實愈明確，能按照先前的計畫進行，是減輕威脅感的最佳良方。

　　你總是習慣將自己的內在想法投射到他人身上，會細心觀察對方的言行舉止，來強化自己的信念，常讓自己陷入假設性問題中。給自我一段時間慢慢思考現實狀況，在改善人際關係上，應該是會有幫助的。

淺黃色性格的職業發展

　　你的個性較保守，講求邏輯，有多疑、謹慎的傾向。做事穩重，能循規蹈矩，是勇於負責任的人。

　　你很努力地在自己位置上，做出適合自己的角色工作，對於能獲得上司的肯定和讚許，是你最大的榮耀。

　　你喜歡在整體方向清楚的公司服務，尤其在人員流動率低的部門單位工作，具傳統的、安定的、持續的職場發展，是你最嚮往的。

　　你的部門單位有好的福利保障，能滿足你安全感的需求。你不太能忍受太多的不可預知的變動風險，事實上，你是一個依賴性的權威服從者。

　　以下的職業很適合你的發展，在這些職業上你能運用到自己的特長，還有很多職業未被納入，但也有類似的模式。你選對了職業，相信未來成功的機會也較大：財務長、基金分析師、法務主管、牙醫、獸醫、學校行政人員、實驗室技術人員、各類別行政經理。

淺黃色性格的職場環境

理想職場環境

你有個像大家庭一樣的公司，主管會私下關切每位員工的生活狀態。

你的部門單位有詳細的作業流程，讓你能按部就班地工作，且一做就很多年。

你期望公司的財務管理得宜，上軌道的部門單位是你最想待的工作環境。

由於你是具有內向感官人格類型的傾向，你需要一個很安靜和井然有序的環境，能在個人的辦公室，執行任務是最好的職場環境。

不適職場環境

你較難適應競爭激烈的部門單位，新成立的組織或轉型期的公司，這些變化無常的工作環境，會使你承受太多的壓力，而無從發揮你的強項。

你對於無形的服務，很難處理好對應關係。這些東西的有形價值不好衡量，由於無法做實質評估，這種部門單位讓你不能適應。

你在資源短少的環境下，不能安心地做好工作。由你自己去找資源是非常不樂意、充滿痛苦的，這會讓你有危機意識產生不安全的焦慮感。

淺黃色性格的自我成長之道

你在做決定時，總會評估所有看得見的風險，這些資訊考慮太多，浪費了許多時間。試著給自己訂個工作時間表，發展自我的行動決策力。

你要勇於表現自己的意見，承認變化是生活的一部分。除了團隊發展和提供家人的所需外，還要關注自我的心理需求滿足度。

你可以學會做真正的自己，成為一個獨立的個體，相信自己有能力突破現狀，讓你回歸平靜和諧的狀態。

你不要被想像中的困難嚇到，如此過度反應，會削減自己的能量。理性的現實認知，可以讓你集中力量，照著既定計畫，順利進行下去。

 **墨綠色性格**

十二色彩性格自我檢測表（簡化）案例及性格概要

圖卡	畫面主題	組成色	主體色
1	一隻大象在用長長的鼻子喝水	紅色、綠色、藍色	綠色
2	一雙翅膀	紅色、綠色	綠色
3	一隻小熊	紅色、黃色、綠色、藍色	綠色
4	一雙高跟鞋	藍色、綠色、黃色	黃色
5	一匹馬在奔跑	紅色、綠色、藍色	綠色
6	一隻躍出水面的鯨魚	紅色	紅色
7	一頭乳牛	紅色、綠色	綠色
8	一架即將起飛的飛機	紅色、黃色、綠色、藍色	綠色
9	一個洗衣服的女人	藍色、綠色、黃色	綠色

性格判定：紅色八分，黃色五分，綠色十五分，藍色六分，為墨綠色性格。

外在的表現：對人有很好的感情投入，能體恤他人的需要，關懷弱勢團體，一切以人性為依歸，並且為人處世公平無私，有利他主義的傾向。有給人溫暖祥和的感覺，很有親和力。

心理的需求：知足常樂，心態輕鬆，具大愛心、慈悲為懷，常扮演關懷者的角色，不尋求回報，是典型的人道主義者。

如果需求得不到滿足，則會變得憤恨不平、抱怨連連，因此有貶損他人的傾向。

人際的溝通：追求和諧的人際關係，能接納所有不同性格的人，寬恕他人對自己的傷害，善於接納他人的意見，是最佳的傾聽者。會極具有耐心，讓別人有被尊重的感覺。

職業的發展：喜歡在強調創新和具前瞻性的部門工作，希望運用自己高超的協調人際關係能力及圓滑的手腕，為公司和自己創造更多的價值。

性格的特質：關注別人的需求，而不承認自己的需要，具外向直覺的人格類型，是自我超越的利他主義者。

墨綠色性格的表現方式

優質的外在表現描述

你對人有很好的感情投入，能體恤他人的需要。

你的表現是慈悲為懷的、富有同情心的。

你的情感常流露於外，對他人充滿善意。

你的為人處世是公平無私的，具利他主義傾向。

你總是在幫助別人，表現出愛護對方的行為舉止。

你總是在做己所不欲勿施於人的事情。

你不會公開表現出敵意的行為，除非認為對他人有幫助才為之。

你認為外在表現得越好，就越能贏得他人的關愛。

你總在關注弱勢團體的需要，會宣導他人一同協力，扶助需要幫助的人。

你表現出具有謙虛美德的行為，使自己對他人有重要的影響力。

負面的外在表現特徵

你會變得多管閒事，喜歡干涉他人的行為。

你對人會有過度親密的表現，顯出自己是自我犧牲下的被害者。

你總是在為他人付出，而感到別人都虧欠著自己。

你常以施恩者的角色出現，希望得到他人的不斷感激。

你會利用他人的罪惡感和人性弱點，去貶損、毀謗他人。

你覺得自己有資格得到想要的東西，過去的恩惠應得到回報。

你會去攻擊那些沒有如自己做出預期反應的他人。

你對自己所做的善事感到驕傲，期待自己的美德受到報償。

你和他人親近，喜歡被人需要，然後可以控制他人，找到合理的藉口。

你不直接表達自己的慾望想法，靠著間接服務他人彰顯你的傑出表現。

以上這些正、負面的外在表現，隨著你當下與各種環境的互動，會表現出三種情況：在健康的狀態下，優質的外在表現會增加；在一般的狀態下，能擁有百分之五十的優質外在表現；在不健康的狀態下，負面的外在表現會逐漸增多。

 ## 墨綠色性格的心理需求

積極正面的心理需求

你總是能將心比心地投入正向感情去關懷他人。

你非常大方，充滿對人的愛與體貼，常扮演父母的角色。

你總是為他人著想，給予人們無條件的愛且不求回報。

你覺得能幫助他人是無上的榮幸，具大愛心是你的本色。

你需要被需要的感覺，認為自己是個人道主義者。

你為他人消磨自己的能量，期望受到你的依賴。

你會真誠面對自己的情感，完全表露自己的心理需求。

你認為自己對他人出於完全的善意，一切以人性本善為依歸。

你不求感恩與回報，對他人是否心存敬意並不會放在心上。

你對他人有正面的感情，期望對方變得更好、更獨立。

不欲人知的心理需求

你對他人的付出是有目的性的，讓他人覺得你不可或缺。

你對於不感恩圖報的人，會變得憤恨不平且抱怨連連。

你會以自我為中心，喜歡操縱他人並充滿佔有慾和嫉妒心。

你害怕不被他人所愛，不為他人需要，而成為孤單的人。

你會自我欺騙忽視自己的負面感受，卻過分表露對他人感受的傾向。

你會否認任何的自私自利的心理，有隱藏公開敵意的想法。

你總覺得別人虧欠自己較多，自我犧牲太大而心理不平衡。

你不承認具攻擊性的動作，而用合理化的藉口做掩飾。

你並不真正關心他人，只是對自己的心理需求有所滿足而已。

你的一切作為都是以取悅他人為需求，希望對方能反過來愛你。

以上這些正、負面的心理需求，隨著你當下與各種環境的互動，會表現出三種情況：在健康的狀態下，積極正面的心理需求會增加；在一般的狀態下，能擁有百分之五十積極正面的心理需求；在不健康的狀態下，不欲人知的心理需求會逐漸增多。

墨綠色性格的人際關係

你以愛為出發點，認為愛是生命中最有價值的，願意和他人一同分享。

你與人交往，特別關心別人，重視親密的關係，也常留意他人的感覺和情緒狀態。

你喜歡傾聽他人的心聲，透過這些心裡話，你能找出問題的解決辦法去幫助他人的成長，讓你有被需要的感覺，這樣你的人生才有意義。

你有很好的交際手腕，能主動滿足他人的需要，特別在他人身上看見自己的貢獻，但有時會管太多而影響到別人的生活。

你以感性的訴求與人交流，人情攻勢是你的強項，總是以熱心公益的形象示人，在別人的讚美聲中找到被愛的感覺。

你會過度在乎他人的評價而疏忽了自己的需求，以先付出再獲得的方式來經營人際關係。

墨綠色性格的職業發展

你普遍是感性的，與人溝通是你的特長，習慣以樂觀的角度看待事情，用溫情的方式撫慰他人。

你以人為本，注重個人的潛能開發，不愛墨守成規，總會思考未來的大趨勢。

你的口才流利，善用譬喻，很具有說服影響力，對於自己的見解和

想法，非常的堅定，人際手腕圓熟。

你喜歡在強調創新和具前瞻性的企業工作，在這種團隊裡，各種的階級架構和傳統規範都不重要，唯有原創十足的樂趣才是重點。

以人道主義自居，用愛來改造社會，讓人們的生命更有價值，是典型的自我超越的利他主義者。

以下的職業很適合你的發展，在這些職業上你能運用到自己的特長，還有很多職業未被納入，但也有類似的模式。你選對了職業，相信未來成功的機會也較大：廣告代理商、公關經理、製作人、多媒體專家、藝術經紀人、行銷經理、人事諮詢顧問、教育行政管理人員、慈善團體主管、各類醫療人員。

墨綠色性格的職場環境

理想職場環境

你注重公司的成立宗旨及其價值觀，符合大眾的心理需求，有益於社會的和諧發展，有遠大的理想目標。

你需要一個氣氛融洽的工作環境，大家可以互相信賴，激發出自己最大的潛質。以最敏銳的創新方式突破現狀，掌控未來的發展趨勢。

你的上司需能尊重各階層員工的需求和建議，以民主方式來管理大家，對人具有熱情，能溫暖地體恤個人的困境。

你除了工作上的合作外，也看重私底下的非正式溝通，一切以人性

的光輝為出發點。能在以客為尊的公司裡服務，是最適合你的職場環境，也符合你的具有外向、直覺的人格類型。

不適職場環境

你在高壓統治，上、下級別明顯的公司裡會無所適從。這種權威的管理方式，會造成你心情低落，無法有好的發展方向。

你對於任何有剝削員工和欺騙客戶的公司不能認同，遠離了你的核心價值。這種現實利益導向的公司，你無法接受。

你在文書工作流程太多的內勤單位，由於要處理的實際事務太繁雜，不符合你的個性。這種內部太細瑣的事，你是難以勝任的。

墨綠色性格的自我成長之道

你常以個人主觀的方式幫忙他人，但是這些行動是否符合對方真正的需要，這是你的盲點。總是希望這些作為都能有助於他人的成長。

你凡事以別人的需要為優先考慮，應該學會適度地拒絕對方的要求。

你可以用自己善良的本質和個性中無私的一面迎合他人，如果能不考慮對方的回報，才能真正具有行善者的角色。

你在他人求助自己時，能及時伸出援手，重要的是幫助對方如何釣魚，而不是只給予魚吃。

草綠色性格

十二色彩性格自我檢測表（簡化）案例及性格概要

圖卡	畫面主題	組成色	主體色
1	巍峨的高山	綠色	綠色
2	一位老奶奶坐在院子裡曬太陽	紅色、黃色、綠色、藍色	黃色
3	一隻老鷹，嘴裡叼著食物	紅色、黃色	黃色
4	一隻貓繫著蝴蝶結	藍色、黃色	黃色
5	一隻吊在樹上的貓頭鷹	綠色	綠色
6	一位白鬍子老公公躺在床上休息	綠色	綠色
7	一個男人坐在石頭上思考	紅色、黃色、綠色	綠色
8	一座石拱橋	紅色、綠色、藍色	綠色
9	一隻在池子裡的烏龜	紅色、綠色、藍色	綠色

性格判定：紅色五分，黃色七分，綠色十三分，藍色四分，為草綠色性格。

外在的表現：對他人熱情大方，注重他人的感受，懂得照顧別人，為社會人群貢獻服務，因此常有對人充滿愛與體貼的行為表現。另外，也對新鮮事物充滿興趣，可以有效

運用社會資源，時間管理能力比較強，擅長公共關係的建立，具有高超協調人際關係的能力，並且會注重人力資源的整合。

心理的需求：有非常敏銳的自我認同感，能夠看到事物中美好的一面，並注重精神上的追求，嘗試滿足各種不同人們的需要，而在他人身上看到自己的貢獻。常用溫情來激勵人心，用開放的胸襟對待人，容易融入社交環境。經常以拯救者的角色出現，幫他人脫離困境，讓自己有被需要的感覺。

人際的溝通：能自然而然地與人親近，具有人情味，注重人際的交流，具有家和萬事興的理念。喜歡用溫情的表達激勵人心，以對待家人的方式和朋友交流。

職業的發展：以應對人、事為主的事業皆可，適合各式各樣的老師身分。

性格的特質：用愛來傳播感情，是古道熱腸的助人者。

草綠色性格的表現方式

優質的外在表現描述

你對他人熱情大方，注重他人的感受，懂得如何照顧人，你的快樂情緒能夠帶動他人。

你表現得多才多藝，喜歡表現自己優越的一面，對新鮮事物充滿興趣並會去嘗試。

　　你會合理運用社會資源，時間管理能力比較強，能夠讓生命顯出應有的價值。

　　你有好的社交手腕，能搭起友誼的橋樑，有能力影響他人的行為和看法，解決雙方的分歧。

　　你扮演傾聽者的角色，極具有耐心，能很好地理解對方的一切作為。

　　你的言語對他人具有啟發性和正向引導性，奉行中庸之道，為人穩健，做事低調。

　　你會避免正面衝突和惡性競爭，能婉轉回饋意見，巧妙化解衝突。

　　你擅長公共關係的建立，具有高超協調人際關係的能力，注重人力資源的整合。

　　你的 EQ 很高，追求人際關係的和諧，能接納所有不同性格的人。

　　你是溝通高手，心平氣和且慢條斯理，能夠安撫人心，使對方的潛能有所發揮。

負面的外在表現特徵

　　你過度尋求他人的注意，總想確認自己是被需要的。

　　你的佔有慾太強，會利用人性弱點控制對方。

　　你只要少許的刺激，便會引發情感的過度興奮行為。

你會為自己的行為辯解，導致自我欺騙的舉止表現。

你會責難他人的不是，並完全否認自己的間接攻擊行為。

你會用表演的方式爭取自己想要的東西，對他人有隱藏的敵意表現。

你會惡意破壞自己得不到的東西，並把怨恨發洩在對方身上。

你以關心他人作為的表現，以便得到自己想要的正直形象。

你會用過去對他人的辛苦付出為藉口，讓對方感到內疚痛苦的方式來懲罰他。

你利用人性的弱點扮演各種角色，突出心靈導師的模樣以成就自己。

以上這些正、負面的外在表現，隨著你當下與各種環境的互動，會表現出三種情況：在健康的狀態下，優質的外在表現會增加；在一般的狀態下，能擁有百分之五十的優質外在表現；在不健康的狀態下，負面的外在表現會逐漸增多。

草綠色性格的心理需求

積極正面的心理需求

你有非常敏銳的自我認同感，知足常樂，心態輕鬆，對生命充滿擁抱的熱情。

你能夠看到事物中美好的一面，對於精神上的追求極其認真。

你以寬容、感恩的心面對一切，擁有和善的天性，做人厚道，讓人生更加豐富、有意義。

你對各種人和事物採取開放的態度，追求簡單隨意的生活方式，以快樂幸福的心情迎接人生的挑戰。

你專注於外部的世界，投入不同的新領域，也樂於與人分享生命的豐盛。

你能夠把外在經驗內化，並傳播出去，讓更多的人受益。

你不斷創造具新聞性的話題，使大眾能夠在討論中獲得自我成長。

你能嘗試滿足各種不同人們的需要，在他人身上看到自己的貢獻。

你常用溫情來激勵人心，用開放的胸襟對待人，能融入所有環境和各種場合。

你常以拯救者的角色出現，幫他人脫離困境，讓你有被需要的感覺。

不欲人知的心理需求

你有過度的情感投入，會尋求他人的特別注意，太在意別人的反應，不敢表達自己的立場和原則。

你會不斷要求他人的感激和讚美，期待讓別人滿意，不然內心會感到不舒服。

你的佔有慾太強，對方的背叛會讓你情緒不安失去理性。

你以自私自利的方式付出愛，卻不承認利用他人來滿足自己的需求。

你虛榮心很強，會凸顯自己的善行，壓抑自己的感受去滿足別人。

你深怕不被他人需要，所以不知如何拒絕他人，結果給自己帶來無窮的麻煩。

你會忽視本身的負面感受，常有自我欺騙的傾向。

你會隱藏自己真正的動機，以權威的形象操控他人。

你有時以生理病痛為由，讓對方照顧你，以滿足自己被愛的需求。

你會埋怨他人是如何對待自己的不是，誤導公眾的想法，以為自己是受害者。

以上這些正、負面的心理需求，隨著你當下與各種環境的互動，會表現出三種情況：在健康的狀態下，積極正面的心理需求會增加；在一般的狀態下，能擁有百分之五十積極正面的心理需求；在不健康的狀態下，不欲人知的心理需求會逐漸增多。

草綠色性格的人際關係

你相當有好人緣，是個非常慷慨與體貼的人，很重視人與人之間的互動情形，能夠被人需要，才凸顯你的價值所在。

你能自然而然地與人親近，以人性化為導向，讓人有如沐春風的感

覺，能和人建立緊密的友誼關係。

你常以感性的方式與人交往，與人面對面溝通，能影響對方認同自己的想法。

你常以和家人相處的方式對待朋友，用溫情的外顯情感來激勵人心。

你對他人是寬大為懷的，在和人互動中，能感性地將心比心，自己也非常在意行為表現後所帶來的結果。

草綠色性格的職業發展

你有很多新奇的想法，這種滿腔的熱忱能激發眾人的向上追求心。

你能建立和睦同心的團隊，改變公司裡各種不安的心理氣氛。

你對於全球性的熱門話題也感興趣，很容易上手抓住社會的心理需求，運用各種的人力資源是你的強項。

你喜歡從事各類與人事有關的工作，尤其能促進社會和諧發展的行業，都是你的最愛。

你總是基於一片愛心來傳播感情，可算是古道熱腸的助人者。

以下的職業很適合你的發展，在這些職業上你能運用到自己的特長，未來成功的機會也較大：人力資源經理、產業心理學家、談判專家、精神科醫師、環保顧問、宗教領袖、公益基金發起人、舞臺製作人、各科別老師。

草綠色性格的職場環境

理想職場環境

你需要一個和你價值觀相似的職場環境，這樣才能調動你的動機趨力，既可回饋社會大眾，又能發揮你溝通、組織、協調的能力。

你期待能經常提供各種訓練課程的公司，如此能幫助各種職務人員擁有最新的知識資訊，促成企業的永續成長。

你很重視主管給你積極正面的意見回饋，同事們都有基本的共識想法。

你在具有人情味的公司服務，能讓自己心情開朗地完成上面所交付的任務。

不適職場環境

你對於一切事務都公事公辦的公司，會產生抵觸情緒，認為它的制度太刻板、不符合人性的需求。

你做事講求行動至上，若公司的發展過慢，趕不上你的進度，會使你產生有志難伸的困擾。

處在一個鉤心鬥角、內耗嚴重的公司，大家在玩權力遊戲，同事間私下也無交情。這種職場環境，不適合你的發展，也壓抑了你的核心價值。

草綠色性格的自我成長之道

　　你太關心他人的一切，留給自己的時間太少，每個人的能量有個限度，太過或不及都是個問題，隨時把握時間為自己充電，才能幫助更多的人。

　　你在為他人勞心費力地做完值得做的事情後，就讓它順勢發展，至於對方感激與否，不要看得太重，這樣只會造成他人的不自在。

　　你佔有、控制慾望太強，在愛人和被愛之間，有心理的衝突存在。如何做到越單純、越無私、越真誠，是自己人生重大的課題。

十二色彩性格自我檢測表（簡化）案例及性格概要

圖卡	畫面主題	組成色	主體色
1	一隻小熊和一頭象	黃色、綠色	綠色
2	大片的綠地	紅色	紅色
3	一個女人繫著腰帶	紅色、黃色	黃色
4	兩個女人的頭和一個男人的頭	紅色、黃色	紅色
5	一座大山上面有一尊佛像	綠色	綠色
6	一座高山下面有一團花	黃色、綠色	綠色
7	一隻黑猩猩在樹上吃桃子	紅色、綠色	綠色
8	一隻小動物旁邊有個男孩的頭	紅色、黃色、綠色	綠色
9	一隻小狗在吃食物	藍色	藍色

性格判定：紅色七分，黃色六分，綠色十分，藍色兩分，為粉綠色性格。

外在的表現：很會鼓勵他人，從而激發對方的潛能。會尊重他人的獨立性，有好的凝聚力以及好的判斷力，可以輕易抓到重點。善於從容面對壓力、巧妙化解衝突。經常處

處為別人考慮，不吝付出，會給他人意見或建議，但不會強迫對方接受你的想法。很能適應環境，懂得靈活變通，觀察力很強，能夠做出一些有效的預測。

心理的需求：很重視溝通的過程，喜歡大眾圍繞在你身邊的感覺，追求平淡的幸福生活，注重無形的精神財富。非常有自己的主見，對自己有正面的看法，也能尊重他人的意見表達。

人際的溝通：熱心公益，喜歡幫助弱勢團體，很善於與人的互動，注重與對方的分享，被人喜愛是交流的重要方式。

職業的發展：以人的交流為重點，能夠從社會服務中發展自己的職業傾向，適合心理諮詢、壽險及傳銷人員。

性格的特質：以助人為目的，具外向思考的人格類型，是很好的人力資源整合者。

粉綠色性格的表現方式

優質的外在表現描述

你很會鼓勵他人，從而激發對方的潛能，尊重他人的獨立性，因而博得人心和凝聚力。

你有好的判斷力，能輕易抓到重點，善於從容面對壓力，巧妙化解衝突。

你發現任何不合情理的事情，都能夠以團體的利益為導向主動改善它們。

你注重個體差異，會以對方的需要做相應的回饋，從不嘗試去改變他人。

你處處為別人考慮，不吝付出，會給他人意見或建議，但不會強迫對方接受你的想法。

你的心思細密，有很好的直覺敏感性，能主動響應他人的需求。

你很能適應環境，懂得靈活變通，不拘於慣用的模式行為，能靈活應對各種挑戰。

你待人處世非常積極，追求和諧的人際關係，能融入所有的環境和場合，能在短時間拉近彼此的距離。

你的觀察力很強，能有效預測未來的發展變化。

你很有耐心地開誠佈公，不吝於提供時間和資源來建立彼此的關係。

負面的外在表現特徵

你以表演的方式吸引他人的注意，表現的慾望大於實質行為。

你總是喜歡主導他人，不顧他人的想法，勉強別人去認同自己的價值信仰。

你過於關注面子問題，對外塑造著好好先生的形象，過於誇大自己的善行義舉。

以操控他人的行為方式，來減少自己不被對方需要的自我價值喪失。

你會以感性為出發點，在公開場合訴說對方的不是。

你會用矯揉造作的虛偽自我，來獲得他人的關愛。

你不能忍受自己的錯誤，為了避免問題和衝突，會以道德的包裝幫自己辯護。

你完全否認自己的攻擊表現，認為所有的衝突行為皆由他人所造成。

你愛心的付出是有對價關係的，得不到滿足時，會有怨懟、憎恨的破壞性表現。

你會縱容別人對自己的索取，卻抱怨對方的需求無度又不懂得回饋報答。

以上這些正、負面的外在表現，隨著你當下與各種環境的互動，會表現出三種情況：在健康的狀態下，優質的外在表現會增加；在一般的狀態下，能擁有百分之五十的優質外在表現；在不健康的狀態下，負面的外在表現會逐漸增多。

粉綠色性格的心理需求

積極正面的心理需求

你很重視溝通的過程，喜歡大眾圍繞在你身邊的感覺，很享受與人

的互動。

你是利他主義者，非常在乎對方生活行為上的改善。

你從無攻擊性，不希望和對方有正面衝突，這對雙方都是個傷害。

你有溫柔祥和的吸引力和寧靜愉悅的氣質，喜歡創造一種溫馨感性的氣氛，和他人一同分享、一同成長。

你追求平淡的幸福生活，習慣私下的閒聊，順便宣洩情緒，以減輕內心的焦慮不安。

你有自己的主見，對自己有正面的看法，也能尊重他人的意見表達。

你注重無形的精神財富，它讓自己的生命愈加的豐富。

你熱衷於新鮮事物，喜歡探索各種新的可能性，再以創新的方法來解決問題。

你很民主，不拘泥於形式，只需要在互信的基礎下，就能發揮自己的特長。

你不拘小節，總想用一些新的方式去謀求大眾的福利。

不欲人知的心理需求

你覺得付出與所得之間的落差太大，自己很難接受現實的考驗。

你很會挑毛病，對自己和他人的表現都不甚滿意，有求好心切的需求。

你欠缺行動力，所說的與所做的差距太遠，自己卻常把這種矛盾心

理做合理化的解釋。

你如果達不到自己設定的標準，會有強烈的罪惡感產生，很難去接受這樣的結果。

你是非常有競爭意識的，突出個人的優勢壓倒對方，是你的慾望所在。

你是內在權威的擁護者，習慣用間接的方式，引領對方進入你的價值系統。

你承受太多壓力時，會出現專橫武斷的行為，以轉移自己的焦慮心理。

以道德標準約束人，卻有些縱容自己，對自己的要求不嚴格。

你對於自己所做的善行感到驕傲，很怕有不被需要的感覺。

你依賴、關懷他人的作為，來滿足自己高人一等的虛榮心。

以上這些正、負面的心理需求，隨著你當下與各種環境的互動，會表現出三種情況：在健康的狀態下，積極正面的心理需求會增加；在一般的狀態下，能擁有百分之五十積極正面的心理需求；在不健康的狀態下，不欲人知的心理需求會逐漸增多。

粉綠色性格的人際關係

你喜歡和各種不同性格的人做交流，如此多樣變化所帶來的種種不同經驗，是你熱衷追求的。

你對人有相當的好奇心，願意花許多時間來談論他人的一切故事，且具有同理心，經常扮演助人者的角色。

你非常敏感於他人的感受，可以及時回應對方的想法，發展出良好的人脈基礎，而成為團隊中的隱性領導者。

你有自信地表明自己的觀點，能直言不諱，切中要點，企圖影響他人的態度，轉向支持你的意見。

你對他人抱著尊重與欣賞之心，也同樣希望對方尊重你的身分價值性。

粉綠色性格的職業發展

你非常重視人與人之間的關係，和人們的溝通交流是你的強項。

你是細心、敏銳的觀察者，對周遭環境有很清楚的認識，新鮮有趣的事情會讓你有追求的慾望，因此太例行性的工作會使你不自在，無法發揮活力。

你需要一個和諧融洽的環境，能善用自己的人際互動技巧來激勵他人，也常用新的方法來解決問題。

你總能看見未來的理想願景，而且會盡最大的努力實現它。一切方式皆以實際有效能為考量，能靠你的無形說服力，達成與他人的共識及建立很好的合作關係。

你以成功達成任務為前提，會為雙方搭起一座互通兩岸的橋樑，扮

演著人力資源的整合者。

　　以下的職業很適合你的發展，在這些職業上你能運用到自己的特長，未來成功的機會也較大：人力資源經理、公關總監、廣告創意總監、模特兒、電視新聞主播、臨床心理學家、組織開發顧問、行銷專家、電視製作人、教育行政管理人員、政府單位發言人、培訓專家、律師、醫師。

粉綠色性格的職場環境

理想職場環境

　　你需要一個注重情緒智商的職場環境，大家都能在崗位內，適才適所地發揮所長，確保解決問題及貫徹目標的有效執行。

　　你希望所從事的工作對社會能有某種程度的貢獻，工作上能自由控管時間，負起自己的專案責任。

　　允許你有安靜思考的時間和個人擁有的私密工作空間，能和同事建立私下的交情，並激發出大家的潛能。

　　上司能夠尊重你不同的觀點，公司的發展能靈活變通，也能接受適時的改變。

不適職場環境

　　你不喜歡一個墨守成規、太過官僚作風的工作單位。對下屬不尊重的公司，會使你產生抵觸情緒，無助於你的工作效率。

　　你對於太重視例行公事及繁瑣細節的工作單位，讓你心力交瘁於太多的行政工作，是你無法忍受的職場環境。

　　大家在部門內鉤心鬥角，爭奪個人的利益資源，公司沒有人性溫暖的氛圍，會讓你失去重心，無所適從。

粉綠色性格的自我成長之道

　　你對他人的批評指正太過敏感，會感到沒有好人緣。自己是無法做到讓每個人都滿意的，因此學習放鬆自己，給自己一些時間，不要認為每一件事都要負起道義上的責任。

　　你不要太過期待自己的付出，能喚起他人的立即改變。美德本身就是最好的回報，享受這種無形的快樂，就能活出自性的本質，它是人性光輝的實現。

　　你要學習放手讓他人做自己，尊重他人的決定，別指揮對方應該怎麼做，別把自己認同的價值系統，強加於他人身上，試著用智慧引領自我的成長。

深藍色性格

十二色彩性格自我檢測表（簡化）案例及性格概要

圖卡	畫面主題	組成色	主體色
1	一隻鳳凰	紅色、黃色、綠色、藍色	紅色
2	恐龍的頭	藍色	藍色
3	一幅地圖	黃色、藍色	藍色
4	一朵玫瑰花	紅色、黃色、藍色	藍色
5	一條盤旋在樹上的眼鏡蛇	紅色、藍色	藍色
6	一隻熊	紅色、黃色、綠色、藍色	黃色
7	一隻綿羊	紅色、藍色	藍色
8	一些雜亂交錯的樹幹	綠色、藍色	藍色
9	一隻動物	紅色、黃色、藍色	黃色

性格判定：紅色七分，黃色七分，綠色三分，藍色十五分，為深藍色性格。

外在的表現：有敏銳的觀察力，對待事情敏感細膩，通常能察覺到他人忽略的事物。思考方向以未來為主，注重對事情的長遠規劃，但是行動力欠佳，擁有超乎一般人的前瞻性思想，具有很強的創新能力，非常忠於自己的作為。做事能夠深思熟慮，三思而後行。對生活有獨到的審美價值觀，非常忠於自己、坦誠面對一切。

心理的需求：有同情心，能夠設身處地為別人著想，並體諒對方的一切作為。有革新的精神，喜歡探討抽象的概念，以促進自己甚至社會的成長。有足夠的安全感，允許自己探索外界環境，發現並體驗各種新事物。需要一個獨立的空間，喜歡從已知預測到未知，追求更深層次的內在需求，因此是個夢想的先行者。

人際的溝通：專注於自己的內在世界，不善於溝通自己的想法，沒有多餘的能量去關注外界，導致對社交有恐懼傾向。

職業的發展：從事的工作有特殊性，不會注重現階段主流的職場價值，是新興行業的引領者，適合擔任開創新局的角色。

性格的特質：喜歡探討抽象概念，具內向思考的人格類型，是極端的個人主義者。

深藍色性格的表現方式

優質的外在表現描述

你有敏銳的觀察力，對待事情敏感細膩，通常能察覺到他人疏忽的事物。

你的思考方向以未來為主，注重對事情的長遠規劃，能夠預知事情的發展趨勢。

你擁有超乎一般人的前瞻性思想，具有很強的創新能力，能經常提

出一些很有創意的想法。

你喜歡追求知識，總想成為某個領域的專家，對自己有高標準嚴格要求。

你非常忠於自己的作為，做事能夠深思熟慮、三思而後行，能坦誠面對外界的一切挑戰。

你重視科學方法，善於分析，富有條理，能蒐集相關的資料並建構成自己的理論。

你喜歡追根究柢地破除不適合現代社會的傳統規範，建立具有價值的獨特見解。

你的理解力很強，能同時理解許多觀點，會將這些觀點做進一步的思考和驗證，不會盲從。

你的思慮周密，能分析周圍環境的利弊得失，提出最有效的解決方案。

你能獨善其身，堅守原則，責任心強，重視自我的成長，又不干涉他人的生活。

負面的外在表現特徵

你過於投入複雜的思考狀態，對自己和他人常寄予過高且不切實際的期望。

你原則性強，不易妥協，會偏執地實行自己的理論概念，對他人的建議充耳不聞。

你墨守成規，不懂變通，好爭辯，會高調反抗外界的各種影響力。

你容易懷疑他人，不容易相信別人，會冷嘲熱諷，認為對方沒知識、不求上進。

你不太重視與人溝通的重要性，對他人較排斥，有很高的防衛性。

你常有緊張的作為，過度敏感，不能放鬆自己，懼怕被外部環境壓迫而表現失常。

你為了減輕內心的慾求不滿，會憤世嫉俗地對他人採取敵意行為。

你對人不信任，常會拒絕接受他人的想法，有不近人情的表現。

你容易與他人疏離，拒絕對方太親近自己，害怕失去個人的生活空間。

你會以激進的方式，反抗傳統的權威思想，來維護自己的信仰、想法。

以上這些正、負面的外在表現，隨著你當下與各種環境的互動，會表現出三種情況：在健康的狀態下，優質的外在表現會增加；在一般的狀態下，能擁有百分之五十的優質外在表現；在不健康的狀態下，負面的外在表現會逐漸增多。

深藍色性格的心理需求

積極正面的心理需求

你非常嚴謹，思想深邃，關注事物的整體面，依理性來分析事情。

你能破除迷信，用科學的方法掌握事實的真相，並影響他人去接受。

你有同情心，能夠設身處地為別人著想，能夠體諒對方的一切作為。

你有改造世界的雄心大志，是個理想主義者。

你有革新的精神，喜歡探討抽象概念，以促進自己甚至社會的成長。

你能客觀地覺知現實，積極處理生活中的種種問題，強化內心的安定感。

你集中力量於心智世界，企圖成為各種知識領域的先行者。

你有足夠的安全感，允許自己探索外界環境，發現並體驗各種新事物。

你擁有寬大的心胸，不會把自己的想法強加於人身上，造成對方的壓力。

你在面對模糊不清的事件時，仍保有清明的分析能力，可以清楚預見未來的發展。

不欲人知的心理需求

你常有遺世獨立的想法，對現實世界的紛擾感到憂心，有些庸人自

擾的傾向。

你在極端無助的情況下，為了保護自己免於受到傷害，會有妄想的傾向。

你只信賴自己的觀點，卻沒有檢驗它的可行性，致使事情逐漸與現實產生脫節。

你沉醉在自己的世界裡，拒絕接受與自己想法相違背的事，習慣以防衛的狀態面對他人。

你會關心環境中的威脅和危險，過度的敏感使自己的內心充滿焦慮。

你對人有愛恨交織的矛盾，也對外部世界充滿矛盾的情結。

你不認同任何東西，只認可自己對外在環境的想法。

你猜忌心重，不信任他人，覺得自己必須與他人保持距離，免得被外界傷害。

你總是想得太多，不太會公開自己的想法，卻又患得患失，無法當下做出決定。

你的深層恐懼在於被權威形象者的壓迫與控制，那樣會使你產生高度的負面情緒。

以上這些正、負面的心理需求，隨著你當下與各種環境的互動，會表現出三種情況：在健康的狀態下，積極正面的心理需求會增加；在一般的狀態下，能擁有百分之五十積極正面的心理需求；在不健康的狀態

下，不欲人知的心理需求會逐漸增多。

深藍色性格的人際關係

你過於專注在自己的專長領域內，常會無視於他人對自己的觀感，也不善於對他人溝通自己的想法。

你常將人際關係維持在專業層面上，很少涉及私人情誼，談話內容也簡單扼要，對社交的關注度很小。

你會讓他人覺得孤僻而冷漠，不懂得人情世故的道理，拙於對人的管理和互動，但會用清楚的邏輯和周密的思考辨證來說服他人。

基本上，你對一些人沒什麼耐心，尤其溝通的議題是關於日常生活的雜事，總覺得這是浪費自己的時間而沒有多大的意義存在。

深藍色性格的職業發展

你喜歡解決複雜的問題，改變現存的觀念和制度，不斷追求知識精進自己，能有活到老、學到老的學習能力。

你的精力充沛，舉凡專業理論、對未來發展的預測，以及全新的設計概念，都是屬於你的強項。

你可以將毫不相關的各種領域連接起來，從中找到更好的複合式新發展，有改革事物的能力，是新興行業的領頭羊，適合擔任開創新局的角色。

職業發展都是需要挑戰智力的，尤其是那些具有複雜推理性的及掌控最新科技的工作，這些充滿冒險挑戰性的職業，都是你的興趣所在。

你總愛探討抽象的概念，有著內向性思考人格類型的傾向。

以下的職業很適合你的發展，在這些職業上你能運用到自己的特長，未來成功的機會也較大：投資風險資本家、經濟學家、科學家、建築師、程式設計師、安全資訊專家、政策制訂專家、企業管理顧問、新業務開發商、證券經紀商。

深藍色性格的職場環境

理想職場環境

你需要一個不斷學習和成長的環境，能對工作品質要求很高的管理標準，大家的行動力及配合度都能跟上前進的腳步。

你特別注重有遠大策略的公司發展性，公司也鼓勵你用新的方法創新變通，對於新點子的開發能給予很好的配合。

領導者能給予你充分的自主權，重視你的獨立性，能誠懇、有民主風範地平等交換雙方的意見。

不適職場環境

你不適合在官僚性強的機構下工作，由於它的層層約制，自己的抱負主張得不到應有的發展。

你不適合處理機構內各種的人事問題，所以和人打交道的單位，會讓你無法適從。

你對於太強調工作細節，而不考慮長遠規劃，也不講求策略運用的組織，是不能接受的，這會阻礙你的能力表現。

深藍色性格的自我成長之道

你經常專注在自己覺得有趣的事情中，總認為自己的想法最有效、最新穎。這種強調語氣，對於建立社交關係常有反效果，你引以為傲的事情，可能就是自己和他人產生距離的原因。

你很容易輕視那些不如自己聰明的人，對你做出太苛刻的批評，這種恃才傲物的心理，給人帶來威脅的感覺。學著人中自有人上人的謙卑心態，才能在做人處世上得到正向的回應。

你如果能從別人的立場理解對方所面對的問題，不要以理性分析角度判斷對方的行為，讓自己能信任別人，多用些心思在與人交往上，將使自己更加圓滿如意。

十二色彩性格自我檢測表（簡化）案例及性格概要

圖卡	畫面主題	組成色	主體色
1	一個人在跳獨舞	紅色、黃色、藍色	紅色
2	一座古老的獨木橋	紅色、黃色、綠色、藍色	綠色
3	一個奔跑的人	紅色、綠色、藍色	紅色
4	一座島嶼，島上有很多原始人	藍色	藍色
5	一個帶著斗笠捕魚的漁夫	紅色	紅色
6	一幅地圖	黃色、綠色、藍色	藍色
7	一隻腳	黃色、藍色	藍色
8	一個人在跑步	綠色、藍色	藍色
9	兩架橋連著三座島嶼	紅色、黃色、藍色	藍色

性格判定：紅色八分，黃色五分，綠色五分，藍色十三分，為寶藍色性格。

外在的表現：能尊重對方的做法，也能表現出自己的個性行為，注重對未來的規劃，常走在時代的前端，有獨特的個人處世方式。具有高度的自律力，注重承諾，能夠自我規範，有卓越的透視力、敏銳的洞察力、具原創力的見解，對人、事、物特別敏感。

心理的需求：會真誠表露自我，待人忠誠，會以坦誠的心態面對大

眾。崇尚自由與變化，有獨特創意，想和別人不一樣，喜歡顯示自己的個性。容易追求心靈上的感受，而不顧世俗的傳統目標，堅定走自己的人生道路。強調自我的探索，喜歡有深度的交流，渴望被他人欣賞與瞭解。但有時過於專注自己的世界，把自己與自我感覺畫上等號而脫離了現實世界。

人際的溝通：重視原生家庭的親密關係，在公開場合怕被人拒絕。喜歡獨處，對於陌生人容易表現出沉默寡言的模樣，總是以想像的方式和外面溝通，做出讓人無法理解的行為。

職業的發展：能連結舊事物，具有創新的能力，適合扮演跨領域整合的角色。

性格的特質：不受現實的拘束，具內向直覺的人格類型，是自我放縱的唯美主義者。

寶藍色性格的外在表現

優質的外在表現描述

你能尊重對方的做法，喜歡有深度的交流，也表現出自己的個性行為。

你的表現與眾不同，能自我創造出特別有價值的東西。

你會藉由具美感的外顯事物，來間接表達個人的情感。

你盡忠職守，追求卓越，不斷以各種作為尋找自我，過著和別人不一樣的生活。

你有能力創造出豐富美好的作品，傳達和人溝通的另類模式。

你能夠將每種事物轉化成具有意義的東西。

你喜歡探究及根據事實行事，經由與現實世界的良好連接，去實現自我的人生價值。

你注重對未來的規劃，常走向時代的前面，打破傳統，發展自己的特有形式。

你能夠高度自律，注重承諾，會自我規範發揮潛能，期望能對社會做出重大的貢獻。

你對友誼忠誠不渝，主動關愛他人，真誠關懷朋友的境遇，善於體貼他人。

負面的外在表現特徵

你會從人群中退縮，對他人有疏離感，無法維持一個好的人際溝通。

你對他人常寄予過高且不切實際的期望，總是期待對方付出更多。

你斤斤計較，時常挑剔自己的表現，常把攻擊行為轉向自己，有自我懲罰的傾向。

你緘默害羞、極端內向，習慣以防衛的狀態面對別人，不知如何與

人相處。

你和一般人交往時，會表現得很沉默甚至冷淡，要真誠開放心胸與人互動會比較難，社交生活是你的負擔。

你很容易受到外部事件的傷害，情緒起伏很大，容易沮喪，悲觀消極。

你以自己獨有的方式來做事，不太主動與人溝通，不考慮團隊運作方式。

你堅持自己的原則，有時候不懂變通，會自我放縱，不計後果。

你有時候會以官能性的生理滿足方式，壓抑自己的無能缺失。

你會用自我責難的方式處罰自己，沒能完成任何有價值的事情。

以上這些正、負面的外在表現，隨著你當下與各種環境的互動，會表現出三種情況：在健康的狀態下，優質的外在表現會增加；在一般的狀態下，能擁有百分之五十的優質外在表現；在不健康的狀態下，負面的外在表現會逐漸增多。

寶藍色性格的心理需求

積極正面的心理需求

你待人忠誠，對友誼忠誠不渝，以坦誠的心態面對大眾。

你對人既嚴肅又風趣，人際交流時懂得變通，對生活則追求浪漫、

唯美的感覺。

　　你對待生活積極、熱情，對生命充滿激情並具有感染性，能夠引起他人的共鳴。

　　你注重美感，能透過美的事物抒發自己的情感，並讓他人享受這種氛圍。

　　你崇尚自由與變化，有獨特的創意，以顯現自己的優越感及與眾不同。

　　你喜歡研究各種事物與自己的互動關係，從中得到自我的價值感。

　　你注重對未來的規劃，會不顧世俗的傳統目標，追求自己的生活方式。

　　你強調自我的探索，思想深邃，喜歡獨立思考，渴望被他人欣賞與瞭解。

　　你透過靈感創作，從過程中能夠發現自己，也會有更深的人生覺悟。

　　你尊重個體的獨立性，喜歡與人進行深層次的交流，但不會揭露對方的隱私給他人。

不欲人知的心理需求

　　你太在意別人的看法和評價，容易因負面評價受到傷害，有廣泛的社交不適感。

　　你會沉溺在幻想裡，以為別人能夠讀懂自己，這種與外界脫節的行

為，使得自己不適應社會上的人際交往。

你會不計後果地和權威相對抗，為維護自己做事的原則，會不自覺得罪他人。

你總覺得自己不夠好，有負面的自我評價及罪惡感，有攻擊自己的傾向。

你總把自己和自我感覺畫上等號，模糊了界限，也迷失了自己。

你容易自我憎恨，譴責自己，會因為自己的努力付出，結果卻不如他人而心生嫉妒。

你有自我設限的傾向，習慣獨處療傷，遠離社會和人群，專注在自己的世界裡。

你會放縱慾望、為所欲為，以補償自己的內在虛無感。

你把焦點放在自己身上，孤芳自賞，不太主動與人溝通，有自我迷戀的傾向。

你會過度關注自己所沒有的，容易變得自卑憂鬱，缺乏生氣。

以上這些正、負面的心理需求，隨著你當下與各種環境的互動，會表現出三種情況：在健康的狀態下，積極正面的心理需求會增加；在一般的狀態下，能擁有百分之五十積極正面的心理需求；在不健康的狀態下，不欲人知的心理需求會逐漸增多。

寶藍色性格的人際關係

你抱持著以誠待人的心理對待周圍的人，也希望對方能真誠地打開心扉，說出自己真正的想法。

你是團體中的化外之人，有時向心力十足，有時又離群獨立，對於別人的看法，很少講出來，使得對方無法理解你的心思。

你太在乎自己的心理感受，情緒變化無常，崇尚自由放任的行為舉止，與人相處重視的是感覺對味，目的性不強的人際交流。

你非常重視親密的人際關係，對於陌生的一般人則顯得沉默寡言，由於怕被他人拒絕，會以間接、想像的方式和外界溝通。

你不太懂得討好他人，又喜歡實話實說，無形中容易得罪其他人，與人交往總是跟著感覺走，人際關係的穩定性不足。

寶藍色性格的職業發展

你是一個重視自我實現勝於世俗價值的人，從事的工作具有獨特性，能凸顯自己的風格而與眾不同。

你對美麗的事物有所偏好，堅持自我的理念，工作的背後是強調精神層面的豐富性。

你能跨領域地整合知識，具有連結舊事物創新的能力，喜歡做一些和他人不一樣的事情。

你的工作性質不受他人拘束，注重個人意志，以特立獨行的方式去

顯現，具有內向直覺的人格類型傾向。

以下的職業很適合你的發展，在這些職業上你能運用到自己的特長，未來成功的機會也較大：電影導演、作曲家、藝術評論家、系統分析師、大學教授、法官、預算專家、藝術從業人員、太空科學家、天文學家、生物化學家、病理學家、精神科醫師。

 寶藍色性格的職場環境

理想職場環境

你需要一個能相信自己和尊重你能力的上司，在獎勵原創思考的工作環境裡，是最符合你的職場需求。

你能夠掌控自己的專案計畫且可以配合獨立運作的環境，公司裡的同事都很優秀，大家在各自的領域內發揮所長。

你需要一個獨立的個人空間，它能讓你的思考集中力量，這種場所最適合你的性格。

你能在一個不斷挑戰自我的環境下工作，每一天都充滿好奇的心理，讓自己能學習到最新的事物。

不適職場環境

你不喜歡待在沒有理想目標的公司，只注重獲取短期利益，過於現實導向的工作環境。

你不適合在限定的時間內，按進度做事，這樣的方式違反了你優雅、自發的揮灑空間。

　　你不適合在一視同仁的環境下工作，如此喪失了個人的獨特性，也無法產生被重視的感覺，無法突出自我實現的內在需求。

寶藍色性格的自我成長之道

　　你太關注自己的感覺，總想等待著自己好情緒的來臨而拖延事情的進行，也不要太過於敏感他人的言語，而在內心裡擴大了它的效應。

　　你不要認為自己太獨特所以沒有人能理解你，如果能試著與他人努力溝通，相信你會逐漸認識對方的長處。

　　你需要自然地表達出自己的情感，這樣才能得到對方真實的反應。多去幫助他人，擴展自己的人際關係，以避免過度耽溺在自己的世界裡。

 **天藍色性格**

十二色彩性格自我檢測表（簡化）案例及性格概要

圖卡	畫面主題	組成色	主體色
1	一個小矮人在走路	藍色、綠色、黃色	黃色
2	月光寶盒和牛魔王	紅色、黃色、綠、藍色	藍色
3	一個人拿著火炬在跑	紅色、黃色、綠色	紅色
4	一個人在跨欄	紅色、黃色、綠色、藍色	綠色
5	一處懸崖	紅色、藍色	紅色
6	一朵花	黃色、藍色	藍色
7	一條小溪流入大海	藍色	藍色
8	一個湖泊	藍色	藍色
9	一隻熊在吃魚	紅色、黃色、綠色	紅色

性格判定：紅色八分，黃色七分，綠色六分，藍色十一分，為天藍色性格。

外在的表現：做事情很專注，並且投入很大的心力，能整合不同領域的知識背景與資源，並進行系統分析後，轉化成自己的東西來加以運用。對未來的趨勢有獨到的見解，很注重時間的管理，可以有效分配自己的精力。

心理的需求：注重精神層面的豐富性，享受孤獨，追求自我的成長。

重視心靈的交流，不在意對方身分、地位、年齡的限制。有陽光單純的心理特質，能夠正面看待人性的光輝一面。

人際的溝通：在社交公開的場合上，很擔心別人的負面評價。容易有自我懷疑的傾向，會以局外人的姿態來保護自己的自尊。

職業的發展：經常關注大環境下的社會中各種職場上的未來發展，因此適合做長期的企劃分析者角色。

性格的特質：關注社會的脈動，有好的理論推演，是很好的專家型人物。

天藍色性格的外在表現

優質的外在表現描述

你能夠整合不同領域的知識背景與資源，並進行系統分析，轉化成自己內在的東西加以運用。

你做事情很專注，且能夠投入很大心力，對未來的趨勢有獨到的見解。

你會專注自己的興趣，並能以持續的行動力實踐自己的追求。

你擅長對不同的理論架構做有系統的分析，從而創建出新的觀點。

你待人真誠，注重承諾，能夠為自己的所作所為負責。

你有很強的時間管理能力，能有效分配自己的精力去完善任務。

你能激發團隊做深度思考，突破困境，邁向一個嶄新的未來。

你會大量蒐集資料，分析它們的優、劣點，以精要的方式論述。

你善於獨立思考而不盲從，喜歡自己解決問題，不會過分干涉他人的做事方式。

你做事低調，不愛表現，很理性化地與他人溝通，喜歡探究，會根據事實行事。

負面的外在表現特徵

你不能接受他人的質疑，總會堅持己見，特立獨行。

你不會主動公開自己的想法，以為別人能夠理解自己，結果造成他人對自己的誤解。

你在處理突發狀況時患得患失，無法當機立斷做出決定，甚至會逃離現場以避免自己的焦慮感。

你常過度思考，猶豫不決，忽略了對外界的及時反應，導致行動力不足。

你不太重視建立私人情誼，造成團隊凝聚力的缺乏。

你不會處理人情世故的問題，遇到這種問題會變得焦慮，甚至恐懼。

你在工作上消耗太多時間與精力，忽略了對於其他事情的處理。

你對於自己無法掌控的東西，會有非理性的不安全感，感覺無所適

從。

你沉默寡言，很怕說出不恰當的話，也怕無法回答他人的問題。

你與他人的互動顯得矯揉造作而不自然，應對的方式也很拘束。

以上這些正、負面的外在表現，隨著你當下與各種環境的互動，會表現出三種情況：在健康的狀態下，優質的外在表現會增加；在一般的狀態下，能擁有百分之五十的優質外在表現；在不健康的狀態下，負面的外在表現會逐漸增多。

天藍色性格的心理需求

積極正面的心理需求

你很獨立自主，責任心很強，不會考慮去麻煩別人。

你的思考方式很靈活，能夠突破常規，找到解決的方案。

你注重精神層面的豐富性，享受孤獨，追求自我的成長。

你能為自己訂下明確的目標，也能清楚明白地表達自己的想法。

你重視心靈的交流，不在意對方身分、地位、年齡的限制。

你有陽光單純的心理特質，能正面看待人性的光輝面。

你的求知慾很強，能幫助他人解答迷惑是你的快樂泉源。

你能正確看待自己的優、缺點，不會自欺欺人。

你對事物抱有很大的好奇探究心，能夠不受外界羈絆專注其上。

你能消化負面的經驗，成為自己的能量，越挫越勇是你內心的寫照。

不欲人知的心理需求

你對他人的敵意作為感到威脅，使自己的精神過於緊張。

你猜忌心重，會主觀地扭曲事實，造成自己的苦惱。

你會過度地分析事情，不懂變通，讓自己陷入不可自拔的死胡同裡。

你想要在短時間擁有一切答案，對知識充滿貪心的慾求。

你不想與別人分享自己的資源，害怕別人超越自己，會失去自我引以為傲的知識所有權。

你過度敏感，怕受到傷害，所以很難和他人建立相互信任的長期關係。

你在社交上習慣防衛，常以局外人的角色來保護自己，免得成為他人攻擊的目標。

你有時會患得患失，無法立即在短時間做出決定，有防衛他人的傾向。

你認為自己存在缺陷，不夠完美，自己卻無法做出任何的改變。

你有強烈的不安全感，所以會遠離人群，總覺得自己永遠是圈外人，不屬於任何團體。

以上這些正、負面的心理需求，隨著你當下與各種環境的互動，會表現出三種情況：在健康的狀態下，積極正面的心理需求會增加；在一般的狀態下，能擁有百分之五十積極正面的心理需求；在不健康的狀態下，不欲人知的心理需求會逐漸增多。

天藍色性格的人際關係

你在社交上，會隱藏自己的感覺，總是以局外人的姿態來保護自己的自尊。

把每件事情都個人化處理，以為每句話都是針對自己，過分擔心負面的評價，有誇大現實的傾向。

你會壓抑自己的情慾需求，忽視自我的感受性，有獨善自身的想法，和他人互動的機會不多，自己也不願意與別人交流心情故事，也不去干涉他人的生活。

你注重隱私權，很怕被別人侵犯，在人際交往上，常處於被動的地位，很怕失去獨處的時間，而無法去累積自我的能量。

天藍色性格的職業發展

以超然的立場觀察周遭的世界，總想去分析它、瞭解它，使自己的目光更為遠大，生涯規劃更具有戰略上的意義。

你很關注大社會的脈動，能預見決策下的長期發展，很重視團隊目

標的達成。

你能從不同的角度分析問題，並開發出全新的系統方法，能夠組織大家，不斷尋求改進的空間。

你對未來的職業需求敏感度很高，因此能為自己創造出新的工作機會。

以下的職業很適合你的發展，在這些職業上你能運用到自己的特長，未來成功的機會也較大：藝術家、流行音樂製作人、動漫程式設計師、報導文學家、資訊主管、精算師、國會議員、金融理論家、大學校長。

天藍色性格的職場環境

理想職場環境

你能在一個重視個人尊嚴心理需求的單位裡工作得很輕鬆又有成效。

你的上司很樂於和自己交換想法，對事不對人地彼此討論，這種民主風範是你理想的職場環境。

你希望能效力於已有名聲口碑但正值改革的公司，在變動中求得成長，是你一心嚮往的環境。

你需要有冒險性的創新計畫，能在研發新事物的團隊裡，是最符合自己的做事風格。

不適職場環境

你不適合待在一個千篇一律的作業流程環境裡，那會抹煞個人的原創獨特性。

你無法在一個充滿人事鬥爭的環境下工作，那會耗損自己的精力，不能集中能量完成任務。

你不能認同自我設限封閉的工作部門，如此的環境毫無競爭性可言，這是你無法忍受的。

天藍色性格的自我成長之道

你總是自給自足的生活，不想被他人打擾，也害怕自己的情緒被對方控制，可以試著多與他人溝通，擴大自己的生活圈。

你除了精神層面的滿足外，對於世俗的功成名就也要適時加以運用，以增進自己對他人的影響力。

你注重自己的隱私，很少去表達自己的情感，過度保護自己的結果，很容易與現實脫節。多花一些時間去看待人際關係的真相本質，它並沒有想像中的可怕或難以應對，唯有透過它，自我才能有所成長。

第二章　混合色性格

　　在色彩性格的六張藝術心理分析圖卡呈現內容的組成顏色分數中，如果相鄰兩種顏色的分數超過九分（含），且這兩種顏色分數相差兩分以內（含），則歸類這兩個顏色為混合性格。另外，如果有三種及以上顏色的分數超過九分，也列為混合性格的範圍內。

　　混合性格主要是相鄰兩種顏色的混搭配合，包括紅黃兩色的混合、紅綠兩色的混合、黃藍兩色的混合、綠藍兩色的混合，因為紅色和藍色、綠色和黃色是相互對立的顏色，所以不列為混合性格。

混合性格的形成因素

年齡因素：心態越成熟的人，混合性格出現的機率越大，通常會有兩種性格同時存在。依環境的變化會表現不同的性格特點，但是比較不會出現矛盾心理。

父母性格因素：父母親是純色性格或混合性格，在遺傳的因素影響下並透過後天的行為模仿，最終使得個體形成混合性格。

職業因素：人的性格受職業影響，所從事的工作若與自己的性格不相符，但久而久之，自我的性格也會存有該職場所需要

的性格特點。比如說，一個紅色性格的人擔任公務員職務，工作上的需要會使得你逐漸具備了黃色性格所具有的細心、遵從權威主義的傾向。

混合性格的一般表現

由於同時具備了兩種相鄰顏色或以上的性格特點，因此混合性格的人表現比較中庸，不會過於強勢或柔弱，性格比較穩定，包容性強，在人際溝通上較具有優勢，有較好的互動表現。在職場上大多數這類性格者，都能成為部門裡的精英份子，是社會和諧、穩定發展的中堅力量。

混合性格的人，在角色分化上比較成熟，可謂是社會化程度非常高，做事情會依人、事、物有較為正確的判斷，知道什麼時候該扮演什麼樣的角色。

角色的轉換靈活自如，透過對環境的適應來達成別人對自己的期望，以獲得別人的讚許和認同，較不會有痛苦和矛盾的困惑。

混合性格和十二色的純色性格，都是性格比較成熟的，內心較不會產生衝突的。紅黃混合性格的人進可攻、退可守，有紅色性格行動至上的冒險精神，也具備黃色性格腳踏實地的責任感。

紅綠混合性格的人是很好的公關、談判高手，有紅色性格擅長的危機處理能力，也具有綠色性格善於溝通的本領，散發出獨特又感性的魅力，說服別人進而影響對方。

紅黃藍混合性格的人，雖然紅色和藍色是對角線的兩種顏色，但因

為其中有黃色做緩衝，對於一些跨領域的工作能夠處理得很好，常扮演著成功者的角色。

　　紅黃藍綠四色混合性格的人，在成長中如海綿般吸收各種能量，有很強的抗壓力。在各種職場上都能獨當一面地完善自己的工作，也對各種人生挑戰充滿積極正面的心態。四色混合性格的人，一般都出現在四十歲以上，如果在二十五歲以下出現這種情況，則說明其價值觀有所混淆。

　　本章介紹一些常見的混合色性格。如果你的色彩性格屬於本章中未收錄的混合色性格，那麼請參考純色性格的分析，當中的色彩性格傾向都是你需要關注的。

 桃紅色＋鵝黃色性格

十二色彩性格自我檢測表（簡化）案例及性格概要

圖卡	畫面主題	組成色	主體色
1	一隻狗	紅色、黃色、綠色	紅色
2	一隻青蛙在池塘邊不停地叫	紅色、黃色、綠色	紅色
3	一群在浴缸裡游動的金魚	紅色、黃色、綠色、藍色	紅色
4	河流裡的海帶	紅色、黃色、藍色	黃色
5	動物的腳印	黃色、綠色、藍色	黃色
6	大象的腳	紅色、黃色、綠色	紅色
7	一隻斑點狗套著項圈	紅色、黃色、藍色	紅色
8	一隻受傷的青蛙趴在那裡不動	黃色、綠色	黃色
9	深海的海藻	紅色、黃色、綠色、藍色	黃色

性格判定：紅色十二分，黃色十三分，綠色六分，藍色五分，為桃紅色＋鵝黃色性格。

外在的表現：能夠在把握全領域的情況下果斷地做出決定，企圖在最短的時間內完成目標，具有臨危不亂的領導風範，注重團隊合作，遇事能夠冷靜面對、沉著應對，是處理危機的高手。能規範自己的生活，合乎社會傳統價值，非常自律，注重內部細節，可以將組織規劃得很

好。無論是單獨作業或與人合作，都能表現得令人信任，是個獨立自主、為人信賴的人。

心理的需求：注重自我完善，喜歡挑戰自己，希望獲得他人的肯定、給別人留有好的印象，強調安全感、歸屬感，喜歡自己被所屬的團體認同，也關注生活的保障，以他人的讚許為依歸，希望被接納、被支持，但是有時喜歡和人比較來表現自己的傑出。

人際的溝通：與人交流非常熱情，和人溝通一切以實用、有效為原則，人際關係的交流上，經常以不傷和氣為原則，很在意和諧融洽的氣氛。有時不太考慮他人的感受，是個不帶感情的工作狂，會因此忽略與家人的交流。

職業的發展：重視做事的能力，非常務實，善於自我推銷，是個談判高手。適合主導一切，也能在規定清楚、目標明確的部門做事。可以忠實執行公司的政策，確保事情的進展，也可在穩定的部門系統發揮所長，擁有領導者及執行者兩種角色扮演的潛質。

性格的特質：能維持自己的心理平靜，以強者的姿態面對一切人、事、物。具有很強的領導能力，也能將公司的發展和個人的成就相結合，是重視裡外一致的完美形象成功主義者。

粉紅色＋淺黃色性格

十二色彩性格自我檢測表（簡化）案例及性格概要

圖卡	畫面主題	組成色	主體色
1	一個人	紅色、黃色	黃色
2	一個人在看小丑表演	紅色、黃色	紅色
3	飛機飛越田野	黃色、綠色、藍色	黃色
4	一隻烏龜在沙灘上爬行	紅色、綠色、藍色	紅色
5	一片花的海洋	紅色、黃色、綠色、藍色	黃色
6	地球的板塊	紅色、黃色、綠色、藍色	藍色
7	一個人在用腳踩東西	黃色、藍色	黃色
8	一隻豬腳的上部	紅色	紅色
9	一個女人在跳舞	紅色	紅色

性格判定：紅色十一分，黃色十分，綠色四分，藍色五分，為粉紅色＋淺黃色性格。

外在的表現：很有魅力，行動至上，非常受到大家的歡迎，會用實際行動證明自己的能力。喜歡挑戰，也能本分地做好分內工作，以增強部門內部的凝聚力。做事情強調合理性，會把工作做對、做好，並不斷追求新目標的達成效率。

心理的需求：擅長激勵人心，希望被別人接受認可，容易接納他人，

喜歡對他人真誠地付出，會凝聚團隊共識，並考慮別人的感受，以自己的專業表現為榮，並希望以此吸引他人注意，使自己成為眾人中的焦點。

人際的溝通：經常扮演完美形象的角色，而讓他人注意你的奮鬥作為。不喜歡談個人的內在情緒感受，能夠包容別人不同的觀點，但有時會將別人過分理想化，喜歡透過贊同別人而使自己被接納。對於親密的關係，會有主動控制慾的傾向。

職業的發展：要有明確的工作目標，喜歡內容很多元化的專案，喜歡在整體方向清楚的公司服務，尤其在人員流動率低的公司裡工作。對外是良好的市場行銷人才，對內則能將公司組織、規劃做到完善，很適合擔任企業推廣專案的主管角色。

性格的特質：會包裝自己來強調優點，也注重安全的保障性。大都具外向感覺的人格類型，是追求完美的權威主義者。

粉紅色+粉綠色性格

十二色彩性格自我檢測表（簡化）案例及性格概要

圖卡	畫面主題	組成色	主體色
1	很多烏龜	紅色、黃色、藍色	紅色
2	一隻小企鵝	黃色、綠色	綠色
3	一頭剛出生的小牛	綠色	綠色
4	一隻羊在草堆旁邊休息	紅色、黃色	紅色
5	一對情侶抱在一起	黃色、綠色、藍色	綠色
6	一隻小熊	紅色、黃色、綠色、藍色	綠色
7	一個人在躺著睡覺	紅色、綠色、藍色	紅色
8	一個聖誕老人	紅色、黃色	黃色
9	一個大魔鬼	紅色、黃色	紅色

性格判定：紅色十分，黃色八分，綠色九分，藍色四分，為粉紅色＋粉綠色性格。

外在的表現：很能激發對方潛能，有好的判斷力，能輕易抓到重點，善於從容地面對壓力，巧妙地化解衝突。很有親和力，會處處考慮別人，不吝付出，並且會給他人意見或建議，但不會強迫對方接受你的想法。能夠尊重他人的獨立性，懂得靈活變通，喜歡挑戰和不斷追求新鮮事物帶給你的嶄新體驗，並內化為自己的東西。做事情喜歡要求盡善盡美，一切以行動取勝。

心理的需求：擅長激勵人心，很懂得掌握他人的心理動機。對自己
有正面的看法，也能尊重他人的意見表達。喜歡對他
人真誠付出，會凝聚團隊共識，非常重視溝通的過程，
注重有形物質與無形精神財富兩者間的平衡。

人際的溝通：熱心公益，喜歡幫助弱勢團體，很享受與人的互動關
係。注重與對方的心情分享，會主動積極面向大眾，
提供各種對人們生活幸福有說明的資訊，發揮出個人
的社會影響力。

職業的發展：以戶外活動去進行人與人之間的溝通為主，有以社會
做為平台為自己職業發展的傾向。喜歡接觸不同的
人、事、物，大都具有外向型思考的人格類型，特別
適合與人作互動、交流的職場角色。

性格的特質：樂於助人助己，打開人際關係，以人為本的服務宗旨，
是行動派人力資源的運用者。

鵝黃色＋粉紅色性格

十二色彩性格自我檢測表（簡化）案例及性格概要

圖卡	畫面主題	組成色	主體色
1	一個女人在眺望遠方	紅色、黃色、綠色、藍色	綠色
2	一個女人和一個男人面對面坐著	紅色、黃色	黃色
3	一個卡通人物	黃色、綠色、藍色	黃色
4	一隻小狗被拴在木樁上	紅色、黃色	紅色
5	三個人和一隻狗	紅色、黃色、綠色、藍色	紅色
6	一個人	紅色、黃色	黃色
7	一隻鳥	黃色	黃色
8	四條魚	紅色、黃色	紅色
9	一個小丑	紅色、黃色、綠色、藍色	紅色

性格判定：紅色十一分，黃色十三分，綠色五分，藍色四分，為鵝黃色＋粉紅色性格。

外在的表現：以合乎社會傳統主流價值的做法為依循，做起事情較為保守，嚴以律己，注重細節，能為人信賴且很有人格魅力。對於事務的處理方法，在彈性中又顯得符合社會規範，是公司裡的精英份子。

心理的需求：強調安全感和歸屬感，非常注意自己可以被所屬團體認同。有時會刻意要求自我表現，來顯示個人的與眾

不同，使自己成為眾人中的焦點，在穩定成長的組織裡能夠發揮個人的特長。

人際的溝通： 很在意和諧融洽的氣氛，但不會談及個人的內在情感。有時在部門裡害怕得罪人，而有逃避衝突的傾向。基本上，這種混合性格是很中庸的，不會有太過強勢的互動過程。

職業的發展： 喜歡規定清楚、目的性明確、進度控制有效的公司。重視短期目標，能忠實執行完成，也喜歡挑戰自己的能耐。很適合現實利益取向的工作，無論是內勤或業務專案皆可勝任的性格。

性格的特質： 合乎傳統的社會主流特色，各種角色扮演都能恰到好處，是具有良好心態的責任完成者。

粉綠色＋天藍色性格

十二色彩性格自我檢測表（簡化）案例及性格概要

圖卡	畫面主題	組成色	主體色
1	一個跳舞的人	紅色、黃色、藍色	藍色
2	一組在賽跑的人	紅色、黃色、藍色	藍色
3	一匹馬奔跑在草原上	綠色	綠色
4	一隻鯨魚在噴水	紅色、黃色	黃色
5	一匹脫韁的野馬仰天長嘯	紅色、綠色、藍色	藍色
6	一個大力士	紅色、黃色、綠色	綠色
7	一隻穿著鞋的大腳	紅色、黃色、綠色	綠色
8	一根骨頭	黃色、藍色	藍色
9	一隻半握拳的手	紅色、綠色、藍色	綠色

性格判定：紅色七分，黃色七分，綠色九分，藍色九分，為粉綠色
＋天藍色性格。

外在的表現：會以未來的發展趨勢為依歸，能夠做出利益他人的事，
以長期耕耘為取向的表現方式。能夠整合不同領域的
知識背景與資源，並進行系統分析。做事情很專注，
且能夠投入很大的心力。很注重時間的管理，可以有
效分配自己的精力，經常能準確預測未來的發展變
化。

心理的需求：非常重視溝通的過程，喜歡分享一些新事物的觀念，讓大家逐漸能接受你的想法。對自己有正面的看法，也能尊重他人的意見表達，總在追求個人的理想。較看重名聲的精神財富，以長期的利益為主。

人際的溝通：熱心公益，喜歡幫助弱勢團體，較注重外界給予自己的正面評價。有高度的自尊，與人交流不分地位、尊卑，可以一視同仁地平等看待對方，不會給人太多壓力，是很好的溝通者。

職業的發展：以人際互動為重點，能夠為社會服務與人互動為主的職業是適合的。對未來具有發展的行業有好的戰略規劃，可做長期的企劃、分析工作。

性格的特質：以利益他人為方向，關注大社會的脈動。大都具外向思考人格類型，是很好的公關型理想主義者。

大紅色＋淺黃色＋天藍色性格

十二色彩性格自我檢測表（簡化）案例及性格概要

圖卡	畫面主題	組成色	主體色
1	一隻狗	紅色、黃色、綠色、藍色	紅色
2	一個沙盤	紅色、黃色、綠色、藍色	藍色
3	一個花盆	紅色、黃色、綠色、藍色	紅色
4	一隻企鵝	紅色、黃色、綠色、藍色	紅色
5	一個花盆	紅色、黃色、藍色	紅色
6	一位聖誕老人	紅色、黃色、綠色	紅色
7	一個小孩	紅色、黃色	紅色
8	一幅地圖	紅色、黃色、綠色、藍色	藍色
9	一群游動的金魚	紅色、黃色、藍色	紅色

性格判定：紅色十六分，黃色九分，綠色六分，藍色九分，為大紅色＋淺黃色＋天藍色性格。

外在的表現：能夠充滿自信地完成工作目標，做事講求效率，強調合理性；很注重自我形象，希望公司內部能夠團結、氣氛和諧融洽，肯投入很大的心力去整合不同領域的知識背景與資源，不過有時易於誇大自己的成就和能力。

心理的需求：非常關注自己的聲望、權勢、地位，也在意自己在他人面前的表現。有很強烈的自尊心，為了理想願意冒

險犯難去完成內心中的目標，容易接納他人，會考慮別人的心理感受，總在追求自我的成長。

人際的溝通：形象意識非常強，常以目標導向做為與人溝通的重點。追求務實的社交互動，講求面面俱到的人際關係，也能夠包容別人不同的觀點，有時會擔心別人的負面評價，但可以愉快地與人和諧相處。

職業的發展：凡事靠自己，對工作很執著，充滿熱忱，能快速分析大環境的趨勢，喜歡在變化性強的工作環境裡發揮自己的特長，做獨當一面的創造性工作。

性格的特質：總想在自己的領域裡超越別人，不斷追求卓越成就，是專注性強的自我實踐者。

粉紅色＋淺黃色＋天藍色＋粉綠色性格

十二色彩性格自我檢測表（簡化）案例及性格概要

圖卡	畫面主題	組成色	主體色
1	梅花	藍色	藍色
2	中國地圖	紅色、黃色、綠色、藍色	黃色
3	歐洲地圖	紅色、黃色、綠色、藍色	藍色
4	北美地圖	紅色、黃色、綠色、藍色	綠色
5	澳大利亞地圖	紅色、黃色、綠色、藍色	綠色
6	白令海地圖	紅色、黃色、綠色、藍色	黃色
7	北歐地圖	紅色、黃色、綠色、藍色	黃色
8	立陶宛地圖	紅色、黃色、綠色、藍色	綠色
9	非洲大陸與歐洲連接地圖	紅色、黃色、綠色、藍色	紅色

性格判定：紅色九分，黃色十一分，綠色十一分，藍色十一分，為
粉紅色＋淺黃色＋天藍色＋粉綠色性格。

外在的表現：遇事能夠冷靜面對，具有臨危不亂的領導者表現，能
堅持自己的意志，但面對團隊需要會以大局為重。有
很好的專注力，會挑戰自我的極限，對於新鮮事物的
接受能力很強，總在變動的環境中增進自己所需要的
各種知識與各種資源。

心理的需求：無論是對人、事、物都抱有很大的好奇心，喜歡接觸

各式各樣新鮮的資訊。能適才適所地調整自己的心態，不會計較細節，重視大的方向，能整合自己與環境的互動關係。對挫折的耐受力極強，能將負面經驗轉化為正向能量。

人際的溝通：與任何人都能保持正向交流，能夠平等待人，以人性本善為出發點。善於激勵他人，有較好的溝通技巧，既不會很強勢，也不會很被動，具有高度社會化的自我發展。

職業的發展：由於身兼四種顏色的混合，因此在各個職業領域中都能夠有很好的適應能力。不管對外、對內、對人、對物，都能調整到恰到好處，具有跨領域的通才能力。

性格的特質：由於紅色的傾向較多，基本上能做一個全方位的領導角色，能面面俱到地表現在各種職務中，能具有完美性、中庸性、理想性、利他性四種人格特性，是成熟性最高的為人處世者。

第三章　主次色性格

　　十二色彩性格的九張藝術心理分析圖卡所呈現內容的組成顏色分數結果中，如果相鄰兩種顏色的分數超過九分（含），且這兩種顏色分數相差兩分以上，則分數多的那個顏色為主性格，分數少的那個顏色為副性格。

主次色性格的形成因素

家庭因素：家庭是主次色性格形成最重要的因素，家庭的父母雙方通常會有一個強勢性格，另一個是弱勢性格，在家庭生活中，你同時要面對家長其中的一方強勢表現，大都以強勢性格一方的要求為標準，而卻又同情弱勢的另一方，因此在無形中逐漸形成一種較強勢的主性格，但另外又生成了一種弱勢次性格的存在。

職場因素：由於在社會上所從事的種種不同行業間的影響，導致個人經常會壓抑自身的心理真實需求和原來的自我本性，在角色扮演上慢慢形成一個次性格來做為性格上的補償作用，兩者相互搭配而成。

年齡因素：隨著年齡的增長，原本的純色性格不再那麼明顯，會逐漸發展出一種主次色性格的傾向。

主次色性格的通常表現

一般來講，主次色性格的人對不同人生角色的應對上，顯得有些吃力，總體感覺是比較壓抑的。一個強勢的主性格加上另一種弱勢的副性格，雙方的發展是處於較不平衡的狀態。

心裡的想法與外在的表現常有不一致的現象，主次色性格的人會依不同的場合有不同的外在表現來相互配合，但是在有壓力的情境下，就會完全表現出自己比較強勢的主性格，而壓抑了次性格，只有在放鬆的氛圍中，才能讓主次色性格者，融入環境而呈現做為真實的自己。

本章介紹一些常見的主次色性格。如果你的色彩性格屬於本章中未收錄的主次色性格，那麼請參考純色性格的分析，兩種性格傾向都是你需要關注的。

十二色彩性格自我檢測表（簡化）案例及性格概要

圖卡	畫面主題	組成色	主體色
1	一座山和一條瀑布	紅色、黃色、綠色、藍色	紅色
2	一位女士	紅色、黃色	紅色
3	一位健壯的男士	紅色、黃色、綠色	紅色
4	一個坐著的寶寶	紅色、黃色、藍色	黃色
5	一個擺著跑步姿勢的男人	紅色、黃色、藍色	紅色
6	一隻動物	紅色、黃色、藍色	紅色
7	一隻像狼和狐狸的動物	紅色、黃色	紅色
8	一隻西施狗	紅色、黃色、藍色	黃色
9	一隻類似於老虎、獅子的野獸	紅色、黃色、綠色	黃色

性格判定：紅色十五分，黃色十二分，綠色三分，藍色五分，為大紅色＋鵝黃色性格。

外在的表現：充滿自信的完成工作目標，非常有活力，野心很大，多數外表有魅力，很注重自我形象，在團體中善於表現自己，不過有時易於誇大自己的成就和能力；做事講求效率，以達到目的做為成功的標準。無論是單獨作業或與人合作，都能表現得令人信任，也注重細節

的規範作為。

心理的需求：很關注自己的聲望、權勢、地位，會非常在意自己在他人面前的表現，面對困難能夠迎難而上，不會臨陣退縮，具冒險犯難的精神去完成目標的使命，有很強烈的自尊心，希望得到別人的肯定，也非常關注自己被所屬團體的接納與支持。

人際的溝通：喜歡與人交流，以目標導向做為與人溝通的重點，更注重目的達成，講求務實的人際溝通方式，其實也很在意和諧融洽的交流氣氛，有時較難拒絕別人的請求，有怕得罪客戶及逃避衝突的傾向。

職業的發展：凡事靠自己，對工作有活力，充滿熱忱；能快速分析情勢，尋求合理有效的行動辦法，具領導者氣質，同時能忠實執行公司的政策，確保事情的有效發展。

性格的特質：總想超越別人，追求卓越的成就，也順應傳統的主流方向。大都具外向感官人格類型的傾向，是社會主流文化的執行者。

十二色彩性格自我檢測表（簡化）案例及性格概要

圖卡	畫面主題	組成色	主體色
1	一隻飛翔的小鳥	紅色、黃色	紅色
2	一個參加競賽的運動員	紅色、黃色、綠色、藍色	紅色
3	一簇花	紅色、黃色、藍色	藍色
4	一隻狗	紅色、黃色、藍色	紅色
5	一個獵人用獵槍瞄準一隻動物	紅色、黃色、綠色、藍色	紅色
6	三條魚	紅色、黃色、綠色	紅色
7	一隻烏龜	紅色、黃色、綠色	綠色
8	一隻獵狗	紅色、黃色、藍色	黃色
9	一個人抱著東西	紅色、綠色、藍色	紅色

性格判定：紅色十五分，黃色九分，綠色六分，藍色七分，為大紅色＋淺黃色性格。

外在的表現：做事講求效率，不願意浪費時間，在有限的時間裡能把事情做好，常會挑戰自己的極限，不斷的完成短期目標，以達到目的做為成功的標準。做事非常積極又具有活力，能夠果斷地做出決定，強調合理性，會提前做好整體規劃後才會採取實際行動。容易和他人達成共識，工作很謹慎小心，注重細節，盡量不犯過錯，

表達方式非常直接，不會給人模稜兩可的感覺，讓別人清楚你的真實想法。

心理的需求：團隊意識強，能夠運用自己的領導才能帶領同事一同奮鬥，實現大家對成功的渴望；重視實際利益，認為只有看得見、摸得著的東西，出現在眼前，才算是真正的成功。喜歡高效率的工作，希望能夠不斷地完成已經設定好的短期目標，無法忍受無效率的方式。肯服從權威的安排，要有相應的規範約束，心裡才有踏實的感覺。

人際的溝通：喜歡與人交流，希望和人互通有無，以目標導向做為與人溝通的重點，追求務實的人際交流方式，更注重目的達成，但還是能夠包容別人不同的觀點。

職業的發展：工作有活力，充滿熱忱，凡事靠自己，能快速分析現實環境的變化，尋求合理有效的行動辦法，喜歡在穩定成長的公司服務，尤其是在人員流動率低的部門裡工作。

性格的特質：總想超越自己，追求實質的表現，大都具有外向感覺人格類型的傾向，是實用至上的名利追逐者。

大紅色＋草綠色性格

十二色彩性格自我檢測表（簡化）案例及性格概要

圖卡	畫面主題	組成色	主體色
1	石頭	紅色、黃色、綠色、藍色	綠色
2	一隻鹿在仰著頭吃樹上的葉子	紅色、黃色、綠色	紅色
3	一頭牛的頭	紅色、黃色、綠色	紅色
4	一群蝴蝶	紅色、黃色、綠色	綠色
5	一條騰飛的龍	紅色、綠色	紅色
6	牛的身體	紅色、黃色、綠色	紅色
7	一條盤旋的蛇	紅色、綠色	綠色
8	人的身體	紅色、黃色、綠色	紅色
9	一隻動物園裡的熊	紅色、綠色	紅色

性格判定： 紅色十五分，黃色六分，綠色十二分，藍色一分，為大紅色＋草綠色性格。

外在的表現： 能充滿自信的完成工作目標，非常有活力，很注重自我形象。在團隊中善於表現自己，對新鮮事物充滿興趣，會合理運用各種學習資源，時間管理能力比較強，能夠很好的安排自己的學習和生活，對他人熱情大方，注重對方的感受，懂得照顧他人。

心理的需求： 非常的要強，希望透過自己的努力達成預定的成功目

標，凡事要求盡善盡美，會主動找到適合自己的方式去克服工作中的困難，以達到自己理想的業績。有樂觀積極的心態，能夠看到事物中美好的一面。

人際的溝通： 善於與人交流，喜歡和成功人士交往，從那裡學到更多的知識和成功經驗。非常尊崇以和為貴的理念，不會和別人斤斤計較。

職業的發展： 學習非常有動力，不會受外界的干擾，能夠很快的調整自己的情緒，以最佳的狀態投入任務中。溝通能力很強，很適合做與人群互動的職業。

性格的特質： 總想超越別人，追求最優異的成績表現，但有時又怕傷害到對方的感情，大都具外向感官及思考的人格類型的傾向，是活潑進取注重和諧的正義使者。

 大紅色＋粉綠色性格

十二色彩性格自我檢測表（簡化）案例及性格概要

圖卡	畫面主題	組成色	主體色
1	一隻飛翔的小燕子	紅色	紅色
2	一片茂盛的草地，裡面有一些花	紅色、黃色、綠色、藍色	綠色
3	一個小孩在路邊踢毽子	紅色、黃色、藍色	紅色
4	瓷磚	紅色、黃色、綠色、藍色	紅色
5	一隻章魚在水裡游動	紅色、綠色	紅色
6	一個女王的頭	紅色、綠色	紅色
7	從地上看到的天空中的降落傘	紅色、綠色	綠色
8	一個小丑在跳舞	紅色、綠色	綠色
9	一隻小熊	紅色、綠色	紅色

性格判定：紅色十五分，黃色三分，綠色十分，藍色三分，為大紅色＋粉綠色性格。

外在的表現：對外部的一切行為舉止都帶有特定的務實性，希望成為眾人的表率，以贏得別人的肯定讚賞。喜歡展示自己的優越性，能充滿自信的完成工作目標，並且非常有活力，在團體中善於表現自己，不過有時易於誇大自己的成就和能力；很會鼓勵他人，從而激發對方的

潛能，尊重他人的獨立性，從而博得對方的信任；有好的判斷力，能輕易抓到社會經濟的發展趨勢，抗壓能力比較強，能有效地化解人際衝突。

心理的需求：面對困難能夠迎難而上，不會臨陣退縮，有堅定的毅力去完成心目中的理想；很重感情，總是維護自己深愛的親人或朋友，若他們受到不公平待遇，你會全力相挺；對自己要求非常嚴格，有很強烈的自尊心，對於自己的錯誤甘願承擔，並能進行自我批評；很重視溝通的過程，對自己有正面的看法，也能尊重他人的意見表達。

人際的溝通：喜歡與人互動，交換各樣的資訊，以完成目標導向做為與人溝通的重點。熱心助人幫助弱勢團體，注重與對方的分享過程，能被人肯定及喜愛是交流的重要目的。

職業的發展：能獨當一面，應付各種連續不斷的挑戰，並且能夠快速分析情勢，尋求快速有效的行動辦法，具人性化的領導者氣質。可以和他人建立很好的私人情誼，適合做以人為重點的社會服務性工作。能合理有效地運用各種資源，成就自己也幫上他人的成長。

性格的特質：總想超越別人，追求最優異的成績表現，大都具外向感覺及思考人格類型的傾向，是柔性訴求的功能主義者。

桃紅色＋淺黃色性格

十二色彩性格自我檢測表（簡化）案例及性格概要

圖卡	畫面主題	組成色	主體色
1	一隻棲息在樹上的鳥	紅色、黃色	紅色
2	一群在水裡游泳嬉戲的小鴨子	紅色、黃色、藍色	紅色
3	一個賣報紙的小男孩	紅色、黃色、藍色	紅色
4	一個人在舞臺上排練	紅色、黃色、綠色	黃色
5	燈籠	紅色、黃色、綠色、藍色	紅色
6	一個美女躺在沙發上	紅色、黃色、綠色、藍色	藍色
7	一個奔跑的人	紅色、黃色	紅色
8	一個雪人	紅色、黃色、綠色	黃色
9	一隻熊	綠色	綠色

性格判定：紅色十三分，黃色十分，綠色六分，藍色四分，為桃紅色＋淺黃色性格。

外在的表現：能夠在把握全領域的情況下果斷地做出決定，企圖在最短的時間內達到目標，具有臨危不亂的心理素質，注重團隊的合作，遇事能夠冷靜地面對，是處理職場危機的高手。可以貫徹自我的意志，也會以團體的目標為重，希望團體的氣氛和諧融洽，在處理事情時能注重細節的合理性，看重現實利益的表現。

心理的需求： 注重自我完善，喜歡挑戰自己，希望獲得他人的肯定、給別人留有好印象，但有時喜歡和他人做各種比較來表現自己的優越感。同時也希望被別人接受認可，並對自己的行為進行反思，看重團隊的歸屬感，所以有時會壓抑自己的心理慾望。

人際的溝通： 與人交流非常熱情，和人溝通一切以實用有效為原則，但也能夠包容別人不同的觀點，藉著透過贊同別人的行為表現使自己融入團體中。

職業的發展： 重視做事的實際能力，善於自我推銷，喜歡待在具有挑戰性且整體方向清楚的公司服務，以及喜歡在人員流動率不要太高的部門裡工作，以安定可持續發展的職場環境為主。

性格的特質： 以主動積極的心態面對一切人、事、物的挑戰，領導能力也不錯，但容易關注外在的表現而忽視了內心的感受，是內外兼備的行動執行者。

草綠色＋天藍色性格

十二色彩性格自我檢測表（簡化）案例及性格概要

圖卡	畫面主題	組成色	主體色
1	一隻老鼠	紅色、黃色、綠色、藍色	綠色
2	一隻在樹葉上蠕動的毛毛蟲	紅色、藍色	紅色
3	一條潺潺流動的小河	紅色、藍色	藍色
4	一張木製的椅子	黃色、綠色、藍色	綠色
5	巍峨的高山	紅色、黃色、綠色	綠色
6	一隻龍貓，趴著睡覺	黃色、綠色、藍色	綠色
7	豆花	黃色、綠色、藍色	綠色
8	一些雜亂的水生植物	紅色、黃色、綠色	綠色
9	一隻剛出生的小狗	藍色	藍色

性格判定：紅色六分，黃色五分，綠色十二分，藍色九分，為草綠色＋天藍色性格。

外在的表現：對人熱情大方很注重他人的感受，對於照顧別人及為社會大眾服務，是你最喜歡去做的。能有效運用社會資源，擅長公共關係的建立，並能夠整合各種人力資源，具有高超的協調人際關係的能力。在時間管理上有傑出的表現，對新鮮事物充滿興趣，且對未來的趨勢有獨到的見解。

心理的需求：注重精神上的追求，嘗試滿足各種不同人們的需要，並常用溫情來激勵人心，用開放的胸襟對待人，能融入各種的情境。有拯救者的扮演心態，幫他人脫離困境，自己就有被需要的感覺。不斷地追求自我的成長，重視心靈的交流，不會在意對方的身分、地位、年齡的限制，具有陽光單純的心理特質，且能夠正面看待人性的光輝面。

人際的溝通：能自然而然的與人親近，具有人情味，注重人際的互動方式，常以對待家人的方式和朋友交流。在社交場合上，總會關注別人對自己的評價，高度重視自尊的維護。

職業的發展：以應對人事為主的職場皆可，時常關注大環境下社會中各種職場戰略上的未來發展，因此適合做具有長期性利益的工作，一切以後續的發展為考量。

性格的特質：強調用愛心來傳播感情，關注眾人的利益，看重未來的發展趨勢，是充滿社會理想的實踐者。

十二色彩性格自我檢測表（簡化）案例及性格概要

圖卡	畫面主題	組成色	主體色
1	一個山洞	紅色、綠色	紅色
2	一個小拳頭	紅色、綠色、藍色	紅色
3	一座古老的房子	紅色、黃色、綠色	紅色
4	一群海星	黃色、綠色	黃色
5	一把椅子	黃色、綠色	綠色
6	一個戴著花環的女人	紅色、黃色、綠色、藍色	黃色
7	一隻歡蹦亂跳的小狗	紅色、黃色、綠色、藍色	藍色
8	一隻在沙灘上曬太陽的小螃蟹	紅色、綠色	綠色
9	一隻可愛的小熊	綠色	綠色

性格判定：紅色九分，黃色七分，綠色十二分，藍色四分，為草綠色＋粉紅色性格。

外在的表現：你有好的社交手腕，注重以完美形象示人，喜歡搭起友誼的橋樑，有能力去影響他人的行為和看法，總可以解決雙方的分歧處。常常扮演著傾聽者的角色，極具有耐心，能夠很好的理解對方的外部行為表現。在言語表現上，具有啟發性和正向引導性，會避免正面衝突和惡性競爭，能夠婉轉地回應意見，來巧妙地化解衝突。

心理的需求：有非常敏銳的自我認同感，能夠看到事物中美好的一面，注重精神上的追求，可以嘗試滿足各種不同人們的需要。會以寬容感恩的心面對一切，讓人生更加豐富有意義。對各種人、事、物，採取開放的態度，追求簡單自由的生活方式。喜歡對他人真誠的付出，能凝聚團隊的共識，這樣的付出既給了別人很好的幫助，也為自己創造出了更豐富的人生價值。

人際的溝通：你常以感性的方式與人交往、與人面對面的溝通。有能力來影響對方認同自己的想法，基本上對他人是寬大為懷的，在與人互動中，具有同理心的將心比心，自己也非常在意行為表現後所帶來的良好結果。

職業的發展：以應對和人們有關的職業皆可勝任，但需要有明確的工作目標才好表現自己的特長，尤其在工作性質多元化的職場，是較適合你的生涯規劃。

性格的特質：能夠以較無私的人道關懷來處理各種與人有關的種種應對方式，柔中帶剛的影響他人，是認真付出的體貼關懷者。

第四章　矛盾色性格

十二色彩性格測試，九張藝術心理圖片所呈現內容組成顏色的分數結果中，如果對角線兩種顏色的分數超過九分（含），比如：紅色和藍色、黃色和綠色，則其為矛盾色性格，又稱衝突性格。

在測試過程當中，你發現中國人以紅色和藍色衝突者居多，黃色和綠色衝突者則很罕見，因此在本書中只介紹紅藍兩色的矛盾衝突，如果在實際操作中有黃綠兩色的矛盾衝突存在，則可以和專業的藝術心理分析專家進行聯繫，進一步地探討分析。

矛盾色性格的形成因素

父母因素：父母對孩子性格形成的影響分為兩方面，一方面是遺傳，父母的性格互相衝突，比如一方是紅色性格，另一方是藍色性格，或者雙方本身就是矛盾色性格，就會連帶影響到孩子性格的形成，導致矛盾色性格的出現；另一方面是行為模仿，個體無論在家庭、學校還是社會中都會扮演不同的角色，而在性格形成的過程中更多的是行為模仿。十二～十八歲是人的性格形成的關鍵時期，在此階段中對孩子影響最大的就是孩子父母，父母的矛盾性格使得孩子在認知上，不知道該以父親或是母親為主，因此為了迎合父母雙方的互動模式，久而久之孩子就會形成互相矛盾的性格取向。

職場因素：職場對性格的影響主要是個人從事跨領域的職業，個體本身適合的職業方向和現在從事的工作性質差異性很大，就會逐漸形成矛盾性格，但是這種性格不一定不好，要看你在這個職場領域上的表現如何。如果表現很好則說明你跨領域適應性很強，能將自我的矛盾性格進行結合，一旦在工作中出現衝突的現象，那樣你的實際表現會很不理想，說明你的性格取向不適合這個領域的行業，建議進一步尋求專業的生涯規劃職場諮詢，以便找到適合自己的人生發展方向。

矛盾色性格的一般表現

矛盾色性格的外在表現有兩極化的傾向，既外向（在人際交往過程中尋求支持、發掘自己的潛在能量）又內向（享受獨處，養精蓄銳，以增加自己內在逐漸生成的能量），相當於一般所說的雙重性格。

外在表現和心理需求時常相互矛盾，做事猶豫不果斷，搖擺不定，容易走極端，行為差距很大，你經常會因為自己的行為舉止而後悔。穩定性不足，常會造成個體的困擾，並且在外在表現上也會讓別人捉摸不定，造成別人對自己的誤解，使別人不知道該怎麼樣和自己能更和諧的共處。

紅藍兩色衝突矛盾的人，紅色性格是以現實利益為考量，注重效率和時間的運用，凡是以達成目的的結果為標準。而藍色性格注重的是長遠利益，看中的是做事的過程及對未來的永續發展，充滿著理想主義的色彩。因此就會形成彷彿如擺動在現實與未來兩者間的鐘擺現象，具有矛盾色性格者其內心的衝突是最大的焦慮源。

　　黃綠兩色衝突矛盾的人，黃色性格是執行任務，保障自己的現實主義者，對人的感覺不敏感，不願意花太多時間與人打交道。而綠色性格是人性考量的人道主義者，對人與人之間的相處非常自然和諧。因此這種相互衝突是非常巨大的，有可能需要留意你是否存在有心理障礙的相關症狀。

　　下面則介紹一些常見的矛盾色性格。

桃紅色 vs. 天藍色性格

十二色彩性格自我檢測表（簡化）案例及性格概要

圖卡	畫面主題	組成色	主體色
1	俯視的大地	紅色、黃色、藍色	紅色
2	摔跤的場面	紅色	紅色
3	兩個大洋結合點的地圖	藍色	藍色
4	一條河流入海	綠色、藍色	藍色
5	一個小丑	紅色、黃色	紅色
6	一個跑步的小女孩	紅色、綠色、藍色	藍色
7	一個牽著馬的小孩	紅色、黃色	紅色
8	一個胖女人	紅色、黃色	紅色
9	一隻五彩繽紛的熊	紅色、黃色、綠色、藍色	藍色

性格判定：紅色十二分，黃色六分，綠色兩分，藍色九分，為桃紅色 vs. 天藍色性格。

外在的表現：能相當堅持自己的意志，而且有能力將它實現，為了早日達成目標，會時常更改策略去完成任務，是天生的領導者，善於鼓舞他人實踐夢想。具強烈的冒險心，享受著工作帶來的樂趣，並挑戰自我實現的機會。非常專注在不同領域的資源整合，並進行系統分析後，轉化成自己的東西來加以運用。以持續的行動力，專注在自己的職場上。

心理的需求：非常注意自己的良好形象，很清楚如何去完成自己的目標，能夠做到不受外在環境的影響。會注重自我的完善，喜歡挑戰自己，希望獲得他人的肯定、給別人留有好的印象。有時會喜歡和他人做比較，來表現自己的優越性，也會注重精神層面的豐富性，不在意對方的身分、地位、年齡的限制，可以享受孤獨去追求自我的成長。有陽光單純的心理特質，能夠正面看待人性的光輝面。

人際的溝通：擅長組織事情，創造出眾志成城的氣氛，由於自己高昂的情緒，可以帶動對方的成長，發展出你已存有的潛質。會注重自己的隱私權以保護自己的自尊，也會壓抑自己的情慾需求，忽視自我的感受性，自己也不願意與別人交流心情故事，較不會主動干涉他人的生活。

職業的發展：重視做事的能力，非常務實，會接納各種可能的方案。相信自己的直覺力，為了達成工作目的，經常會漠視官僚常規及程序問題。可以很好解決當下的狀況，也關注大環境下社會各種職場上的未來發展，具有擔任部門領導者的潛力，也適合做趨勢研究的企劃分析者角色。

性格的特質：以高傲的姿態面對一切人、事、物，有強勢的作為。會關注外在的表現而忽視了內心的感受，強調理論的

推演，同時具備理想崇高的精神和重視現實的傾向，
是追求內外兼顧的中心主義者。

粉紅色 vs. 天藍色性格

十二色彩性格自我檢測表（簡化）案例及性格概要

圖卡	畫面主題	組成色	主體色
1	一隻飛鳥	紅色、綠色	綠色
2	一隻鹿	紅色	紅色
3	一隻爬行的烏龜	紅色、綠色、藍色	紅色
4	一架飛機	紅色、藍色	藍色
5	一隻在田野裡捉蟲子的小鳥	紅色、黃色	紅色
6	一個史努比	紅色、藍色	紅色
7	一個兔寶寶	黃色、綠色、藍色	黃色
8	一隻長頸鹿	黃色、藍色	藍色
9	一隻熊	藍色	藍色

性格判定：紅色十分，黃色四分，綠色四分，藍色九分，為粉紅色 vs. 天藍色性格。

外在的表現：懂得包裝自己來呈現自己的特長，且很有個性魅力，會用實際行動證明自己的能力。喜歡自己解決問題，追求新鮮事物帶給你的嶄新體驗，也不會去過分干涉他人的做事方式。很會注重時間管理，可以以最短時間做最大的精進表現。

心理的需求：以自己的專業表現為榮，並希望以此吸引他人的注意，

使自己成為眾人中的焦點。喜歡對他人真誠的付出，很能獨立自主，不會考慮去麻煩別人，思考方式也很靈活，享受精神上的富足感。

人際的溝通：在社交公開場合上，很擔心別人的負面評價，不喜歡談到個人的內在情緒感受，害怕真實的親密關係，容易有自我懷疑的傾向，常以局外人的姿態來保護自己的自尊。

職業的發展：喜歡內容很多元化變化的專案，不會限定自己的發展領域，對未來的職業需求敏感度高並能為自己創造出新的工作機會。

性格的特質：會包裝自己的特長，通常會以正向的發展看待事情，由於具有內外衝突的傾向，所以是積極進取又自我懷疑的矛盾主義者。

第五章　未分化性格

　　從發展心理學的角度看，人的性格是有一定的形成過程的，五歲以前只能看出個性，還沒有性格，這個時期的個性都是先天性的，DNA 遺傳的結果。五歲以後進入幼稚園和學校，受到家庭、學校教育和社會大環境的影響，透過行為的模仿學習和思想的傳遞，到十二歲的時候形成性格的雛形。此階段的父母要訓練孩子獨立思考及培養為自己行為負責的能力，這是性格的分化期，需要明確自己是一個怎麼樣的人，即核心認同感。

　　一般來說，到了十八歲就會逐漸形成較獨立自主的人格特質，如果在十八歲以後還不具備這些持久穩定的性格形態，那麼個體的性格基本上屬於未分化狀態，性格的變動性太大，無從得知其真正的性格類型。

　　由於未分化性格出現的人口比例為百分之三，所以測試出這種結果，請盡快與藝術心理分析專家做進一步的心理諮詢，逐漸理清自己相對應的性格類型，以增進對自我的瞭解，也能集中力量去發展出較為成熟的性格特質。

　　未分化性格（十八歲以下不計入）：十二色彩性格的測試中，九張藝術心理分析圖卡所呈現內容組成顏色的分數結果，若四種顏色的分數都在九分以下，則其為未分化性格。

未分化性格的形成因素

年齡因素：十八歲是成年和未成年的分水嶺，在十八歲以前，通常還沒有具備獨立的思考和行為能力，性格還不成熟、不穩定，無法為自己的行為負責，這是性格還未分化完全的情形。

個人因素：在個人因素上，之所以會形成未分化性格主要有三種情況：一是真正的未分化性格，性格的成熟度不夠，沒有形成自己真實自我的穩定系統結構；二是個體在社會上扮演的角色太多，最後連自己都搞不清楚自己是屬於什麼性格的人；三是過於壓抑自己，把自己隱藏得太好，導致別人摸不清楚你到底是什麼性格的人。

家庭因素：家長溺愛獨生子女，什麼事情都為孩子做主，一手打理孩子的生活，孩子沒有機會獨立自主做想做的事情。在家中的排行最小也會出現這種情況，對家人的依賴性很重，逐漸產生不想長大的心理（生理年齡和心理年齡不相符），希望一直依靠別人生活，不想負擔成人世界的責任，在性格上無法分化完全，會主動尋求家人的支持。最大的行為特徵就是不想面對外界的競爭，對挫折的承受力很差，一旦出現挫折就無所適從，甚至會出現如孩子般的退化行為。

未分化性格的一般表現

未分化性格在人際關係的表現上非常被動，不願意涉及到人與人之間的責任與義務，基本上對人常保持距離，很怕受到人為的傷害，本身的言語溝通不多，完全生活在自我想像的世界裡。將自己與外界的現實

環境相隔離，非常自得其樂，不願意也不懂得與別人分享自己的一切，總給人一種長不大的感覺，有自我逃避的傾向。

　　本章介紹兩種常見的未分化性格。如果你的色彩性格屬於本章中未收錄的未分化性格，那麼請參考純色性格的分析，主要看你得分最高的那個性格，它有可能是你未來的性格傾向。

未分化性格之一

十二色彩性格自我檢測表（簡化）案例及性格概要

圖卡	畫面主題	組成色	主體色
1	兩個人在一起	紅色、綠色	紅色
2	一個人在彈吉他	黃色、藍色	黃色
3	一棵大樹，上方盤旋著飛鳥	黃色、綠色	綠色
4	一個襁褓中的孩子	黃色、綠色、藍色	黃色
5	一個萬聖節面具	黃色、綠色	綠色
6	枕頭、被子	紅色、綠色	紅色
7	一隻烏龜	紅色、藍色	藍色
8	河流、草地	綠色、藍色	藍色
9	聖誕老人	紅色、黃色	黃色

性格判定：紅色六分，黃色八分，綠色八分，藍色六分，則為未分化性格。

外在的表現：由於四種色彩性格都超過六分（含），所以他具有粉紅色、淺黃色、粉綠色和天藍色的性格傾向。但是對外表現不是那麼地明顯。

心理的需求：因性格不明顯，對於慾望的想法太多而雜亂，可以試著瞭解自己真正的動機所在，尤其是成就的內隱需要。

人際的溝通：在社交上，被人喜愛是交流的重要方式，在公私角色
　　　　　　　扮演上是很不一致的，除了職業上的場合朋友，私下
　　　　　　　能夠談心的知己卻是很少。

職業的發展：由於分數線未達標，在職業發展上無法突出特點，大
　　　　　　　都在嘗試中進行摸索，對於職場生涯的規劃，沒有太
　　　　　　　認真的思考判斷。

性格的特質：由於性格的發展未完全分化，因此呈現出不同的性格
　　　　　　　取向，也讓他人捉摸不定自己的處世模式，具有自我
　　　　　　　疏離的虛無主義者傾向。

未分化性格之二

十二色彩性格自我檢測表（簡化）案例及性格概要

圖卡	畫面主題	組成色	主體色
1	骨頭	黃色、藍色	藍色
2	兩隻飛翔的鴿子	綠色	綠色
3	魚頭	紅色	紅色
4	一個人	紅色、綠色	紅色
5	一隻大象	黃色	黃色
6	一個大力士	紅色、黃色	紅色
7	恐龍	綠色	綠色
8	一個奔跑的人	紅色、黃色	紅色
9	一隻鯨魚	藍色	藍色

性格判定：紅色八分，黃色五分，綠色五分，藍色四分，為未分化性格。

外在的表現：具有粉紅色性格的傾向，過於自戀，喜歡炫耀自己，非常善變，以自我為中心，較不關注其他人的反應。

心理的需求：有一種無形的自卑感的生成，自己的價值觀並不完整，尋求外界的肯定，才有心裡踏實的感覺。

人際的溝通：害怕真實的親密關係，有敵視他人，不真實的人際互動，具有想控制對方的交流模式。

職業的發展：由於性格分化較不明顯，因此在職業發展上無法突出

特點，始終在摸索中行進。

性格的特質：還是以實際的名利、地位做為發展的表現方式，如何
突出自己的特長是非常重要的，是充滿矛盾的自我懷
疑者。

第 2 部

十二色彩性格測試的應用

第一章　職場攻略

如何將新員工分配到適合的企業部門？

目前運用於人才測驗評鑑的工具，大都以能力素質、人格特質、人際關係三方面做為評估的標準作業方式，在實施上以紙筆測試、心理測驗、面試、測驗評鑑系統為主要模式。

這其中包括了客觀的測試量表和主觀的面試唔談，乍看之下應該是俱足完備的，但是它們沒有考慮到中國人在傳統文化的薰陶下，其真正的人格特質是隱晦不明的，尤其是心理所想的及表現於外的有可能是兩個世界且並不相通的。這些從國外引進的測試量表，在當地所做的測驗評鑑是有效度及可信度的。但遇到中國人之後，將面臨上述所說的測試難處（效度會失真而無法發揮作用），至於面試唔談，則以主考官的經驗判讀為準，無法將它科學標準化。

十二色彩性格測試運用於人才測驗評鑑，企業的發展需要人才的不斷投入，唯有找尋到合適的人才為公司所用，如此適才適所達到供需的有效運用，才能促進社會的繁榮發展與進步。

每一企業部門按照需要配置的人才不同，需要不同色彩性格的人做為適性的搭配，這樣對於公司的營運績效才能有所幫助，同時也減輕企

業用人不當的金錢及時間上的雙重損失。

下面則是按照公司各部門的特色，羅列出其需要的人才所屬的色彩性格。

行銷部門

此部門的功能在為公司衝鋒陷陣推廣有形或無形的產品，因此需要具外向型、不斷挑戰自我的、追求利潤動機強的、喜歡自己掌控時間彈性的人才。

大紅色、桃紅色、粉紅色的純色性格且具有外向型傾向的人，或者是桃紅色＋鵝黃色性格、粉紅色＋淺黃色性格、粉紅色＋粉綠色混色性格的人且有外向型傾向，這些都是行銷部門所要的重要人才。

行政部門

此部門的功能在為公司做後勤補給、執行方案、總務會計、制訂公司章程規則，因此需要具內向型或中庸型，注重細節的、腳踏實地的、尊重層層負責的各種規範、以團體合作為主的人才。

土黃色、鵝黃色、淺黃色的純色性格且具有內向型或中庸型傾向的人，或者是鵝黃色＋粉紅色混色性格的人，其次是大紅色＋鵝黃色性格、大紅色＋淺黃色的性格、桃紅色＋淺黃色性格屬於主次性格的且有內向型或中庸型傾向的人，即是行政部門最適合的人選。

人事部門

　　此部門的功能在為公司的各種人員做有效運用、人力資源整合、吸收專門人才、安定員工的心理需求，因此需要注重人際關係的溝通交流，以發揮大家的潛質為主的人才。

　　墨綠色、草綠色、粉綠色的純色性格且具有外向型或中庸型傾向的人，或者是粉綠色＋天藍色混色性格的人且有外向型或中庸型傾向的人，其次是草綠色＋天藍色、草綠色＋粉紅色性格屬於主次性格且具外向型或中庸型傾向的人，這些都是人事部門很好的人選。

企劃部門

　　此部門的功能在為公司設計新系統、做戰略性的思考、評量一切制度的優劣標準，制訂未來發展方向，因此需要會關注企業的長期利益為取向的人才。

　　深藍色、寶藍色、天藍色的純色性格且具有中庸型或內向型傾向的人，或者是具有大紅色＋淺黃色＋天藍色混合性格、桃紅色＋淺黃色＋天藍色＋粉綠色混合性格的人，皆是企劃部門最佳的人才。

如何找的適合自己的職場環境？

　　人力資源的工作重點在於找到對的人做對的事，在適合的職場文化環境裡，發揮個人所長，創造出符合公司利益的最大化為最高準則，以下以十二色彩性格在職業發展傾向及適合的理想職場環境與配對卡相互

結合的方式來說明：

大紅色性格

　　他具有領導者的氣質，能適合做獨當一面的工作，擅長行銷有形的產品，注重短期目標的達成，若遇到突發狀況時，能快速分析情勢，尋求合理有效的行動辦法，在氣氛輕鬆、包容度大、不受拘泥形式限制的環境下工作是他的職場需求，是行動至上的競爭性地位追求者。

桃紅色性格

　　他重視做事的能力，善於自我推銷，是個談判高手，喜歡掌控自己的世界，能獨立自主地解決當下的突發狀況，尤其在危機處理上，有獨到的判斷力，特別是處在不斷接受打擊的新公司或是面臨解決難題的部門裡，都能看到他展現靈活的手腕去完成艱鉅的任務，是注重自我形象的實用主義者，特別強調個人責任制的職場環境，是最符合他表現能力的最佳場合。

粉紅色性格

　　他喜歡內容很多元化的專案，隨機應變的能力最強，願意面對各種的挑戰，對於工作的完成期限是具備彈性的，只看最後的成果好壞，以正向的發展看待事情，是注重自我發展的完美主義者。能在充滿樂趣、變化多樣的職場環境下工作，並以自己的作業方式，完成公司託付的發展目標，是他職場風格的最佳寫照。

土黃色性格

　　他做事情非常井然有序且小心謹慎，會認真看待自己的承諾，關注穩定的系統的建立，擅長規劃公司內部的各種作業流程，是注重約定的忠實執行者。會因為受到他人的肯定與賞識而有良好的表現，在穩定發展的企業和國營單位環境裡，更可以發揮出他為團隊服務貢獻的力量，具有管理才能，可以把公司政策執行到位，這是他的職場風格。

鵝黃色性格

　　他做事謹慎注重小細節，會檢驗案子的可行性及相應的成本概念，能理清爭議和其中的困難點，使公司團隊能充分發揮它最佳的功能。注重與他人的互動及收入的保障性，越具體的實際產品，能夠看得到及摸得到的東西，特別感到興趣。在聲譽良好的公司服務，有清楚的上下指揮鏈，是服從權威領導者的傳統主義者，也是他的職場導向所在。

淺黃色性格

　　他個性保守，講求邏輯性，有多疑謹慎的傾向，做事穩重、遵守規範、勇於負責，喜歡待在整體方向清楚的公司服務，尤其在人員流動率低的部門裡工作。具傳統的、安定的、持續的職場發展，是他追求嚮往的，最好能有好的福利保障，來滿足他的安全感需求，他無法忍受太多的不可預知性變動風險，是一個依賴性的權威服從者。若工作部門裡有詳細的作業流程，使他能按部就班的工作且一做就很多年，一切管理得宜上軌道的公司，是最適合他的職場工作環境。

墨綠色性格

他充滿感性人道情懷，常以人道主義者自居，喜歡待在強調創新和具前瞻性的公司部門裡工作。不愛墨守成規能打破各種的上下階層觀念，人際手腕圓熟很具有說服他人的影響力，對與人接觸的各種行業都是他的特長，並且會注重公司的企業文化，是有益於社會和諧發展並有遠大理想目標的。他需要一個氣氛融洽的工作環境，大家可以互相信賴以激發出自己最大的潛質，一切以人性光輝為出發點，能在以客為尊的公司裡服務，是最適合他的職場環境。

草綠色性格

他有很多新奇的想法和滿腔對人的熱忱，喜歡從事各類與人事有關的工作，運用各種的人力資源是他的強項，尤其能組建一個和睦同心的團隊，以改變公司部門裡各種不安的心理氣氛，可算是古道熱腸的助人者。他需要一個和自我價值觀相似的職場環境，如此才能引發其動機趨力，發揮出溝通協調的能力，期待能經常提供各種訓練課程的公司，能幫助各種職務人員擁有最新的知識資訊，促成公司的永續成長，能在這種具有人情味的公司服務，可以很順利地完成領導者所交付的任務。

粉綠色性格

他能細心敏銳地觀察人與人之間的關係，對於周遭環境的變化有很清楚的認知，尤其處在能發生新鮮有趣事情的職場環境中，更能發揮他的活力。他會常用新的方法來解決問題，並達成與他人的共識及建立很

好的合作關係，扮演著人力資源的整合者。所從事的工作對社會能有某種程度的貢獻，能自由控管時間的運用，領導者能夠尊重他不同的觀點，能夠適時做出靈活變通的改變，是他首選的職業發展環境。

深藍色性格

　　他喜歡解決複雜的問題，改變現存的觀念和制度，不斷地追求知識精進自己，舉凡專業的理論、未來發展的趨勢預測，以及全新的設計概念，能將毫不相關的各種領域連接起來，從中找到更好的複合式新發展，尤其是那些充滿冒險挑戰性的職業，都是他的興趣所在，因此適合擔任開創新局的角色。他需要一個不斷學習和成長的環境，期待大家的行動力及配合度都能跟得上他前進的腳步，對於具有遠大策略的公司，且領導者能給予他充分的自主權，重視他的獨立自主性，能誠懇有民主風範的平等交換雙方的意見，是他最理想的職場環境。

寶藍色性格

　　他是一個重視自我實現勝於世俗價值的人，從事的工作性質具有獨特性，能凸顯自己的風格而與眾不同，工作的背後是強調精神層面的豐富性，他能跨領域的整合學問，具有連結舊事物的創新能力，喜歡做一些和他人不一樣的事情。他是不受他人拘束的，注重個人自由意志，以特立獨行的方式去彰顯出來，需要一個能相信他和尊重他的上司，能夠掌控自己的專案計畫且可以獨立運作，相互的人力資源配合，擁有一個獨立的個人空間，能讓他的思考集中，這種職場環境是最適合他寧靜內斂的性格取向。

天藍色性格

　　他以超然的立場觀察周遭的事物，然後去分析瞭解它，擅長從不同的角度去解析問題，能預見決策下的長期發展狀況，能開發出全新的系統方法，不斷尋求改進的空間，對未來的職業需求敏感度很高，能為自己創造出新的工作機會。希望能效力於已有名聲口碑，但正值改革的公司，在變動中求得自我的成長，公司領導者重視個人尊嚴心理需求是很重要的，能在研發新事物的團隊裡工作，是最符合他的風格興趣，也是其一心嚮往的職場環境。

　　以上是十二色彩性格在職業發展傾向及適合的理想職場環境下的描述說明，若是混合性格的人才則具備有該不同混合性格的職場發展方向，且能跨領域做出好成效的業績出來。如果是主次性格的人選，其職場能量是不夠強大的，由於性格壓抑的問題，導致行動力的不足，需要做心理上的認知調整，才能為公司所重用。至於矛盾性格的應聘者，要先解決他的心理衝突問題，把能量導正過來，他會使公司帶來更多的利益。若碰上未分化性格的人，其能量傾向不明，為了公司的成長著想，只好將他做為第一個刪除對象。

　　接下來是對於配對卡的使用說明情形：

　　配對卡有五個紀錄表格須填寫清楚，依據公司需要的優質人才職位，設定不同的審核標準，作業程序為一、公司需要你完成的任務，二、公司需要的成果，三、職位需要的技能，四、實現成果需要的能力，五、確認符合公司營運計畫的協調融洽性（企業的獨特文化）。

以其中第四項的實現成果需要的能力做為標準化的操作來說明，在配對卡的排序上它列為第四個選才重點，首先是如何完成正確無誤的公司使命，接著公司能看到實際的成效，該職位需要合適的學、經歷人選。

什麼樣的能力最為重要呢？優質人才的勝出能力，根據對各行各業的領導者調整研究下，產生了二十四種勝出能力。

紅色系性格人才（大紅色、桃紅色、粉紅色）具有六項勝出能力，包括了高效能力、行動進取能力、積極主動能力、適應靈活能力、工作熱情能力、高標達成能力。

黃色系性格人才（土黃色、鵝黃色、淺黃色）具有六項勝出能力，包括了忠誠服從能力、組織規劃能力、細節專注能力、職業道德能力、團隊精神能力、管理執行能力。

綠色系性格人才（墨綠色、草綠色、粉綠色）具有六項勝出能力，包括了溝通互動能力、說服影響能力、傾聽理解能力、抗壓力強能力、接受批評能力、培訓講師能力。

藍色系性格人才（深藍色、寶藍色、天藍色）具有六項勝出能力，包括了承諾完成能力、智慧領悟能力、堅定持續能力、戰略遠見能力、創新發明能力、洞察分析能力。

配對卡是公司發展不可缺少的用人利器，上至 CEO 和高層職位，下至行政助理及櫃檯服務人員，它把公司的各種招聘職位都聯繫起來，以發揮更大的有效經營動力，它描繪出公司未來的成功藍圖。

把十二色彩性格心理投射測驗和配對卡的使用做連接，可以為公司

爭取到最適合的有效人選，而且它們是完全以標準化的模式加以運用，不涉及個人的主觀價值判斷，是當下最富有創意符合科學發展觀的優質人才招聘法。

如何進行有效的職場人際溝通？

你離開了學校的制式教育環境裡，進入了社會投入到職場上，這是最重要的人生歷程，如何開展你的職場關係，是邁向成功之路的必經過程。

無論你從事何種職業，它都是離不開人際關係的種種影響，不管你是雇員、幹部或領導者，都會面對各種不同的職場溝通問題。

每天在工作中，總有超過八小時的時間與同事相處，因此職場上的人際關係，對你來說是事關重大、非同小可的大事。

若是除了工作職責外，還要處理好與部門同事間的人際糾紛，那就得不償失了！

與上司的人際溝通

你進入這個公司部門工作，若和上司的溝通不錯，就可能不會對職場環境抱怨太多，或者你自覺不受上司的重視，那麼你對工作環境就無法有愉快踏實感的產生。

如何與上司進行正向的人際溝通呢？首先，你得先得知自己的性格（在前一章的十二色彩性格的自我檢測法中已獲知）。

如果你是紅色系性格（大紅＞桃紅＞粉紅）外向型者，上司能符合以下的描述就可和你溝通無阻：他具有彈性變通的行事風格；能欣賞你的做事幹勁；喜歡探索新的領域；經常回應你的意見；不會對你做微觀管理。

如果你是黃色系性格（土黃＞鵝黃＞淺黃）內向型者，上司能符合以下的描述就可和你溝通無阻：他具有組織力，能訂出清楚的工作目標；為人正直，值得信賴；能提供你必要的一切資源；會私底下關切每位職員。

如果你是綠色系性格（墨綠＞草綠＞粉綠）外向型者，上司能符合以下的描述就可和你溝通無阻：他會和你討教各項專案計畫及公司未來的發展願景；很重視你們之間的共識；對你承諾的事情一定辦到；具有和你同樣的人生價值觀。

如果你是藍色系性格（深藍＞寶藍＞天藍）內向型者，上司能符合以下的描述就可和你溝通阻，他是你那個領域受人尊敬的專家；給你很大的自主控制權；相信並重視你的專業能力；能鼓勵你用創新的方法來解決問題；為他和你共同訂下高標準的公司成長目標。

經由上述的配對方式，相信你與上司的人際溝通上，能達成一致的看法既可在職場中體驗自己的存在價值又能為公司的營運發展一同成長。

與同事的人際溝通

通常在公司部門裡和同事的相處是極為頻繁的，無論是工作上的需

要或是組織間的聯繫，都要與同事們做各式各樣的交流互動，如何在有限的時間內，做出有效的溝通是你我都必須要學習的重要必修課程。

你先看看以下不同性格顏色的同事，在部門團體裡的溝通方式。

同事Ａ：外向型的紅色系性格者（大紅＞桃紅＞粉紅）

務實的Ａ對工作非常有熱忱，總是主動出擊，把事情做好，給人感覺很風趣的樣子，由於喜歡開玩笑或到處尋找刺激而惹惱某些人。

同事Ｂ：內向型的黃色系性格者（土黃＞鵝黃＞淺黃）

重細節的Ｂ自覺要對公司團隊負責，忠於團體，常會考慮專案的可行性及成本的多寡問題。注重自律的生活節奏，有時因做事太依前例而沒有變通，顯得過於呆板而惹惱其他同事。

同事Ｃ：外向型的綠色系性格者（墨綠＞草綠＞粉綠）

居間協調的Ｃ常用溫暖的幽默感來鼓舞同事，燃起大家的激昂鬥志，增進團隊的熱情能量，讓人人專注在自己的工作上，完成公司交付的目標使命。

同事Ｄ：內向型的藍色系性格者（深藍＞寶藍＞天藍）

富有創造力的Ｄ常會提出很多想像性的未來問題，也能做出獨到的解決方法，喜歡與人做一些各種想法的討論，而引出對公司發展有利的

良策方案，因為這些表現而受到同僚的敬重，有時太熱衷於某些消耗腦力或太繁複的事件上，容易導致同事們的不解。

綜觀上述同事們的處世風格，想想你自己的工作部門裡，是否出現類似的溝通狀態，若能按照對方的性格特質，和你做相關的對應工作，相信公司的業務推廣會愈來愈好，你的好同事們也會日益的增多。

與下屬的人際溝通

由於你具有的不同色彩性格，突出了與之相應的管理風格，透過對自己性格特長的瞭解，得知自己的優、缺點，明白對於下屬，你是處在什麼樣的溝通交流方式。

紅色系性格（大紅＞桃紅＞粉紅）的上司，對待人事能客觀公正，直接坦率、處事果決，常用命令式的作戰方式來管理下屬，為了提高生產力，你可以用帶幽默式的獎勵方式來化解你的心理壓力，但最終的表現成績不能低於你的底線要求。

黃色系性格（土黃＞鵝黃＞淺黃）的上司，會給下屬清楚的指示方向，把適當的任務交派給合適的人選去做，交代得非常具體。對於遵守規定及保持低調的下屬會予以表揚，喜歡運用之前的有效程序，以安全第一及保障公司的實際獲利為主要考量。

綠色系性格（墨綠＞草綠＞粉綠）的上司，尊重下屬的工作意見及心理需求，以柔性的說服方式來引導下屬，雙方達成共識一同合作是你的追求方向，對於下屬個別的困難問題也能十分貼心地幫助對方度過困境，在執行工作任務上，只會提出一些大方向的指示及說明，以人為本

是你的工作重心。

藍色系性格（深藍＞寶藍＞天藍）的上司，是最具有民主風範的主管，不看重上下階級的嚴格區分，偏愛用建議或請求的方式與下屬溝通工作，信任對方的能力，能為公司做出一己的貢獻，你喜愛新概念、新做法，不注重現有的企業運作模式，你會用創新的理論，做出大膽預測，看出未來的市場走向，引領公司獲得更好的利潤。

如何進行人際衝突管理？

人際衝突是人與人互動中一直存在的現象，也是人際關係中的一部分，既然衝突是人際溝通上難以避免的，你要如何有效的管理人際衝突是本文重要的目的。

事實上，你不太可能和一個完全沒有互動或者沒有資源配置產生問題的人起衝突，往往雙方的關係越親密，衝突也越多，這些人際衝突有的帶給你成長的機會，並不表示它是不健康的、不正常的、負面的、充滿危機的、沒有價值的，有的衝突可能造成無法彌補的傷害，因此學習衝突管理不是要迴避它而是要好好應對它。人際衝突的有效管理是人生轉機的開始，也是未來成功的充分條件。

透過十二色彩性格自我檢測法，你已得知自己的性格，在十字色彩性格座標圖，上方左右相鄰的紅色系（大紅色、桃紅色、粉紅色）和綠色系（墨綠色、草綠色、粉綠色）及下方左右相鄰的黃色系（土黃色、鵝黃色、淺黃色）和藍色系（深藍色、寶藍色、天藍色），其表現的人

際衝突管理模式是相似的，以下以六種模式來說明不同色彩性格者的人際衝突管理模式（每種模式都有它的優勢與劣勢）。

這六種處理模式，很難說哪種最好、最為有效，不同色彩性格的人有你自己特別偏好的人際衝突管理形態，如果能適當的根據自己本身的經驗法則，衡量對方的性格特點，加以區分做出最合宜的解決方案，是最為成熟不過的。

合作模式

綠色系（墨綠色、草綠色、粉綠色）性格的人＋紅色系（大紅色、桃紅色、粉紅色）性格的人，以綠色系為主、紅色系為輔。

你傾向於彼此主動建立雙立共同合作協商機制，並尋求可以讓對方都能獲利益的雙贏目標為導向，注重問題的有效解決辦法，透過資料的搜集加以分析，加上說服的過程來達到共識。

由於在整合的時間及精力投入太大，一般是針對涉及雙方基本利益時，才加以使用此種合作模式，在這方面綠色系（墨綠色、草綠色、粉綠色）性格的人的表現最出色，若有時間緊迫性，則對紅色系（大紅色、桃紅色、粉紅色）性格的人較為有利。

此種模式對黃色系（土黃色、鵝黃色、淺黃色）性格的人和藍色系（深藍色、寶藍色、天藍色）性格的人來說，在運用上都不是他的人格特質強項，黃色系性格的人會疏忽了未來的雙方發展，藍色系性格的人則會對現實狀態的考慮不周到。

競爭模式

　　紅色系（大紅色、桃紅色、粉紅色）性格的人＋綠色系（墨綠色、草綠色、粉綠色）性格的人，以紅色為主、綠色為輔。

　　你以自我中心為出發點，藉由資源的運用來操控人際衝突的管理方式，會過於強勢而忽視對方的自由意願。這種處理衝突的模式會造成對方有形及無形的損失，你的利益以我贏你輸為目標導向，它是一種相互對抗的衝突解決模式。

　　雖然是有些霸道的做法，但是客觀條件不允取雙方繼續耗下去的時候，這也是一種解決人際衝突的有效辦法。

　　此種模式對黃色系（土黃色、鵝黃色、淺黃色）性格的人和藍色系（深藍色、寶藍色、天藍色）性格的人來說，前者以和平不帶衝突的方式來管理人際關係；後者則對現在式的人際衝突管理不很注重，因為還有更遠大的理想目標要靠你去完成，會不願浪費時間在這上面去較勁。

迴避模式

　　藍色系（深藍色、寶藍色、天藍色）性格的人＋黃色系（土黃色、鵝黃色、淺黃色）性格的人，以藍色為主、黃色為輔。

　　你不會直接去抗爭人際衝突，這樣在行為或心理上的撤退是保護自己避免捲入更大的人事紛爭。讓自己以局外人的心態來看待事情，你會離開衝突現場，也會避免談論問題，盡量把自己的不滿忍讓下來，你屬於非對抗式的處理人際衝突的模式。

這種被動式退讓可以暫時將衝突的雙方，轉換到冷靜降溫的地步，但是問題依舊存在並沒有消失。當這些衝突累積到你的極限時，就有可能如火山爆發般一發不可收拾，對於雙方都存在很大的傷害。但是也有可能用這樣以退為進的方式，可順利解決現階段人際關係衝突下的不良互動。

藍色系（深藍色、寶藍色、天藍色）性格的人，深暗用此種模式來應對各式各樣的衝突管理，現在的利益所得和將來的長期利益是不可相提並論的，沉得住氣是你的強項所在。至於黃色系（土黃色、鵝黃色、淺黃色）性格的人，則以團體為重，大家和和氣氣什麼事都好辦成也好商量，咄咄逼人逞一時之強，不是你的作風。

此種模式對紅色系（大紅色、桃紅色、粉紅色）性格的人和綠色系（墨綠色、草綠色、粉綠色）性格的人來說，是根本沒有想過的，你不可能為了避免衝突而去附和對方的言論作為，你以強勢的實力為依歸，認為迴避衝突是消極懦弱不負責任的做法。

迎合模式

黃色系（土黃色、鵝黃色、淺黃色）性格的人＋藍色系（深藍色、寶藍色、天藍色）性格的人，以黃色為主、藍色為輔。

你總是以對方的利益為導向，不會過於堅持自己的看法，能夠在人際關係的衝突下，放棄或改變自己的立場、心理需求與期望值，以減少或避免衝突，它也屬於非對抗式的衝突解決模式。

你往往壓抑自己的負面情緒，以求得較為圓滿的人事狀態，不以目

前的得失為準則，不做激烈的抗爭行為，認為對方先受益自己最後也能得到益處，這是你有捨才能得的理念作為，不會強調平起平坐的概念，只要事情能談成，犧牲小我的利益是不會太計較的。

只要這種模式對當事人有益，則未嘗不可來以它做為解決人際衝突管理的好方法。黃色系（土黃色、鵝黃色、淺黃色）性格的人，基本上是平易近人的，與他人的摩擦是較少發生的，喜歡以間接被動的方式去處理人際衝突的關係。藍色系（深藍色、寶藍色、天藍色）性格的人，不想與他人做正面的對抗，尊重對方的想法或要求，只要自己的基本底線不被侵犯，你是可以無條件接受對方的。

此種模式對紅色系（大紅色、桃紅色、粉紅色）性格的人和綠色系（墨綠色、草綠色、粉綠色）性格的人來說，有點像是屈服於他人的感覺，還沒正式交鋒就豎起了白旗，非常不合常理（力爭到底），面子掛不住也不切合實際，是無能的管理人際衝突的模式。

折中模式

綠色系（墨綠色、草綠色、粉綠色）性格的人＞紅色系（大紅色、桃紅色、粉紅色）性格的人＞藍色系（深藍色、寶藍色、天藍色）性格的人＞黃色系（土黃色、鵝黃色、淺黃色）性格的人。

雙方各讓對方一步不急於求成，希望能在最小的損失下完成目標，雖然這種方式乍看起來滿公平的，但可能會失去尋求兩方面都能雙贏的局面，也有可能最後的結局是雙方都不想要的。

這種模式感覺是比較中庸的，對大家都沒有什麼傷害性，但它的成

效是你無法預料到的，基本上它是屬於雙方無奈但又必須接受的方式，如果處理不好的話，對雙方都是一種有形或無形的損失。

第三者介入模式

黃色系（土黃色、鵝黃色、淺黃色）性格的人＞紅色系（大紅色、桃紅色、粉紅色）性格的人＞藍色系（深藍色、寶藍色、天藍色）性格的人＞綠色系（墨綠色、草綠色、粉綠色）性格的人。

這是最後一種處理人際衝突的管理模式，它是指透過一個中立的第三者居中介入協調，從中找出雙方都可以接受的解決方法。

第三者的角色通常是彼此共同認識的人，或者是具有份量的人，亦或是權威專業人士，透過第三者以不同的角度看待問題，也能以較為中立的地位尋求公平的處置方式。

它適用於雙方處於競爭的關係也願意各退一步，雙方有更進一步合作的意向，願意共同商討解決辦法；雙方的力量處於均等的狀態下，但是合則兩利的情況，在中國人方面還是以尋求具有份量、德高望重的人來解決雙方的爭端問題。

如何進行有效的談判溝通？

談判溝通這件事，是日常生活中避免不了的事情，只要涉及雙方不同的利益，都需要藉著談判溝通來處理它們。因此它是和你我息息相關的，每天都有可能遇到的，它能帶來各種不同大小的挑戰。

談判溝通的本質就是說服對方改變你的看法與行為的互動關係。基本上雙方都具有不同的心理需求和表現方式，希望經由談判溝通能達成彼此一致性的同意傾向，且是符合雙方的共同利益，才能稱之為成功的談判溝通模式。

不同色彩性格的人，談判溝通方式是很不一樣的，除了談判時的情境之外，談判溝通的對象是最主要的重點所在，以下是對十二色彩性格的不同應對談判的模式加以說明。

大紅色性格的人

談判溝通以人事分離為原則，講求對事不對人的談判方式，傾向於人與問題的分開，重視效率的問題，於最短時間內達成目標的協定，由於十分看重面子問題，所以極端在意自己在對方面前的表現方式，總想以強者自居，急於在競爭性的談判中，取得勝利的果實。

桃紅色性格的人

談判溝通以利益重於立場為原則，只專注於雙方可能獲取的利益做為談判溝通的焦點，不會輕易的放棄或死守立場，讓自己居於弱勢的地位，喜歡挑戰自己完成不可能的談判使命，因此對於談判的前期準備工作和計畫的步驟非常重視，在談判溝通的過程裡，有很好的抗壓應變思考能力，能夠得到談判對手的肯定是你的驕傲所在。

粉紅色性格的人

　　談判溝通以突出自我優越感為原則，炫耀自己的能力出眾，以自我為中心私底下不把對手看在眼裡，相信自己能做出完美的談判典範作為，重視口語的表達能力及有效運用談判技巧的知識，為談判溝通帶來了突出的特點。

土黃色性格的人

　　談判溝通以工作單位的要求為準則，因此會表現出過於謹慎的態度，以雙方的和諧穩定為方向，以獲取對方的尊敬和信任為優先考量。注重層級概念，強調貫徹上司交付的使命，在談判溝通中具有犧牲奉獻的精神，是個值得信賴、負責任的對手。

鵝黃色性格的人

　　談判溝通注重細節見長，以資料的完整說明為準則，堅持以數字統計來溝通，強調按照組織章程有條不紊地逐一談判各種事項，對於權力的認知與使用非常在意，拙於身體語言的能力，是典型傳統保守主義訓練下的談判角色扮演者。

淡黃色性格的人

　　談判溝通以使用客觀標準為原則，強調談判進行中的穩定性和連續性，一切以合理化的規範為依循，不受個人主觀想法的影響，談判溝通過程是一個超越雙方己見的標準客觀操作化流程，有點官僚化的作風，

變通性有所不足，但你絕對是一個忠於執行公司政策的談判人。

墨綠色性格的人

談判溝通時以對方的身體語言來判讀你的滿意認可度，會以關懷的態度弱化對方的強勢作為，當成初步的出發點。以柔克剛是你的強項，利用對方的不確認感和人性的弱點，做為談判溝通的有效工具，把談判進行得非常靈活，變通性十足，完全沒有預想的答案，且戰且走，是個很難應付的談判對象。

草綠色性格的人

談判溝通時會表現得非常的熱心，加上友善的行為語言，這種無形力量已經減輕了對方的防禦阻抗心理，你以溫情攻勢去擄獲人心。談判是沒有限制的，依對方當時的狀態而做出有所取捨的作為。在得與失之間，你自有彼此雙方有形及無形的對價關係產生，懂得照顧對方的利益，尤其是心理感受方面，你是傳達理念最強的談判遊說者。

粉綠色性格的人

談判溝通會以同理心瞭解對方的心理動機，注重與對方的分享概念，完全沒有敵對雙方、你死你活的心態。你考慮的事情發展性有時連對方都未曾想到過的，在談判進行中能逐漸主導對方認同自己的理念傾向，你本身的傾聽能力非常強，能從弦外之音中得知談判進展的趨勢，是具有整合各項資源能力的談判分享者。

深藍色性格的人

談判溝通從來不限制最終的目的達成，對時間無緊迫性，一切以對未來雙方都能互利為原則，具有寬闊的視野，不考慮勝負的世俗化標準。追求更深層次的內在心理需求是你的理想，有時有些想法過於抽象，在口語表達上會讓對方找不到相互對應的方式。因此，你在談判溝通方面需要充裕的時間才能發揮出你的優勢所在。

寶藍色性格的人

談判溝通表現出非常清明的洞察力，對人、事、物特別的敏感，不受現實環境的拘束力，談判以開放式為導向，從不按牌理出牌，以跳躍式的思考力而著稱，從談判溝通中聯想出各種不同的創新見解，讓對方的現實利益出現變化，由於以自己獨有的方式去和對方互動，造成對方在理解上出現錯誤，是個無法讓人理清判斷溝通方向的神秘談判者。

天藍色性格的人

談判溝通有很專注的自我投入，善於做各項研究報告的系統分析，也是很敏銳的觀察者，常能預知彼此雙方的談判走向。一切以公共領域為主不涉及個人的私人領域，雙方的關係以平等互惠為準則，誰也不欠誰什麼，談判的最後成立與否，取決於溝通的過程是否順利，你是個注重談判歸因理論的角色推演者。

經由上述對於十二色彩性格的人，在談判溝通方面重點不同的綜合

分析上，有了較為清楚的概念後，相信對於你今後的談判組織能力能有更深一層的體會，在實際操作上也更能得心應手地完成各種談判的任務。

如何找到適合自己的創業風格？

　　創業對中國人來說，就如寧為雞頭不為牛尾的這句俚語般，是大家追求自我實現的最佳出路，這始終是你日夜盼望的夢想，在這個時代大環境中，創業已經不是個人單打獨鬥的事，而是個具有團隊合作相互支援，才能成就創業理想的實現。

　　之後，你總會發出一個疑問：我到底適不適合創業？對於這個問題有三種解釋的方向。

　　一、所有性格的人皆有創業的可能性，但成功比例依次為紅色系、藍色系、黃色系、綠色系。

　　二、所有性格的人都需要靠其他性格的互補，創業成功的機會才較大，比如紅色系性格和藍色系性格的人一起合夥，黃色系性格和綠色系性格的人一起合作創業會有更好的效果。

　　三、除了知道自己的性格外，還需要做藝術心理分析圖卡的財富人生測驗（財富指數）及成長空間測驗（創業潛能），綜合三個系列的測驗評鑑後，才能得知自己的優、劣勢再決定創業與否。

　　在數萬個不同行業的測試對象中，具有混色性格類型的人居創業者首位，依次為純色性格類型的人，主次性格類型的人為後。

在創業的龐大隊伍裡，重點不在於創業者是誰，而在於自己所組合的團隊，他們才是你創業成功或失敗的最大關鍵點。

以下以十二色彩性格的人，各具有什麼樣的創業風格來做為說明。

大紅色性格的創業風格

你對現實環境的各種需求關係非常有感覺，能依據市場的供需法則來調整方向，策略很有彈性，隨時迎戰各種可能發生的環境變化，這是你最拿手的。

你一切以行動至上為準則，充滿冒險犯難的精神，以短期的目標達成為主要考量，非常有伸縮性，可採用不用的方式達成自己的最終目的。

你不會輕易的認輸，能隨機應變地把目前遭遇的問題處理好，對於各種業務項目的處理，會採用創新的方式，而不會因循於傳統的模式來進行。

你重視實用的知識，能把它有效地運用在自己的創業上，常能打破市場的規範限制，運用各種新奇的點子是你滿足客戶需要的重要方法。

你強調工作上的實戰經驗，對於學院派的各種理論僅做為參考，沒有太大的實質意義，由於你親自的體驗與實踐，常能成為自己創業領域內的先行者。

桃紅色性格的創業風格

你非常具有企圖心，遇到困難時能臨危不亂具有處理危機的能力，

善於抓出問題，進入核心，找到解決問題的辦法。

你與人溝通很直接，注重效率是你的專長，天生就是創業家的料，也是天生的領導者，善於鼓舞他人，實踐人生夢想。

你具有強烈的冒險心，享受著工作，挑戰自我實現的機會。但是當這個事業對你不再有刺激和感到有趣時，自然地會轉移注意力到其他更具經濟效益的項目上，並有可能成為這個領域的專家。

你自認為所做的一切都是正確的，很清楚如何去完成自己的目標，能夠做到不受外在環境的影響，常運用突破傳統的方法來進行與眾不同的創業模式。

你的思維天馬行空，很強調權力的運用，但如何釋放權力給組織能力強的黃色系性格的人和幫你推銷新點子的綠色系性格的人，再找到藍色系性格的人發揮創意，做出長期性的發展策略，將能充滿自信地完成最終的創業目標。

粉紅色性格的創業風格

你通常擁有出色的性格魅力，由於自我的感覺很優秀，是良好的創業實踐者。

你會集中全力去贏取工作目標，把事情要求做到盡善盡美，對每一種外來環境的刺激都有立即的反應行動，在做決策時能掌握適當的時間性，證明自己的優越處事能力。

以自己的專業判斷為榮，能吸收大量的外界資訊，轉而為自身所用

且更加顯得有突破創新性。在創業的領域內，可以做出好成績，讓個人成為該行業的佼佼者。

你的創業方式，都會根據市場的需要，隨時反應來調整自己的行動腳步，遇到重大危機時，也許其他黃、藍、綠色系性格的人早就認輸退場了，你還是會臨危不亂地把眼前困難問題處理好。

土黃色性格的創業風格

土黃色性格的創業風格一般來說，以傳統的產業為主。由於有了主流架構的支撐作用，因此不會考慮變動性太大或太尖端的創新項目，做為創業的首選。

你重視團隊中的成員，認為團結合作能夠發揮出更大的力量，以社會規範及共同價值為依歸。你能忠誠的堅守自己信賴的價值觀，用穩紮穩打的方式，排定工作的優先次序，有始有終地完成創業進度。

你不太適合在大環境變動下，進行創業活動，由於需要時常檢討目標，進行修正調整，這是你的弱項，建議找藍色系或綠色系性格的人來幫助自己，這是你創業能否成功的重要關鍵。

你擁有足夠的自信心，能夠自我肯定，相信自己，也相信別人，工作勤奮，盡全力將工作做好，是值得信賴的創業夥伴。

你比較不會凸顯自己，給部屬的壓力不會太大，只要按步驟地把工作目標做好，尤其是各種規範程序的有效建立，是你創業的強項。至於預測和反應市場的變化，就須靠藍色系、紅色系性格的人相互支持了。

鵝黃色性格的創業風格

你最重視的是資源的有效分配，以及各種秩序的建立，讓所有東西各就其位，就能使自己在創業過程中存有安心的踏實感。

你採用的是踏實穩健的創業風格，非常自律，強調權威和上下級別的關係，注重內部細節，可以將組織規劃得很好，大家各就其位一同為公司的目標挺進。

你對於自己訂下的工作目標，能非常重視細節地逐步去完成任務，不會因為出現了其他的機會而轉移焦點。

你能夠認同夥伴，尊重大家為公司的成長而付出的心力勞動，以團體的制度規範做為最高指導原則，能按部就班地把工作辦好。

你會認真聽取別人的建議和意見，調整自己的行為方式，有良好的自我約束能力，合乎社會傳統價值的主流觀點。對於自己訂下的工作進程，會以非常重視細節的做法，嚴謹地完成任務。

你在創業過程中，重視現實環境的資源搭配，能預先防範可能發生的意外事件，將工作安排得井然有序，注重團隊精神，才有如釋重負的感覺，比較沒有太多的個人主義。

淺黃色性格的創業風格

你的特長是善於接納人，注重關係的和諧，強調合理性，要提前做好整體規劃後才能採取實際行動，容易和他人產生共識感。

你會仔細聆聽客戶的心聲，體會對方的需求，溝通清楚，說到做到，

能在規定時間範圍內，完成客戶所委託交辦的任務。

你會為服務的各種專案訂出合理的價格，與客戶談價錢時寧願做出讓步，也不想因爭執而破壞雙方和諧的氛圍。

你不會為了工作，而犧牲與家人相處的時光，常對自己的行為進行反思，以總結經驗，對於不足之處加以改善，在做重大決定時，總會請自己信任的人提供意見。

你是所有色彩性格中最能訂定目標方向，製作各種的計畫表，並加以落實的。監督各項指標的進度完成，但不擅長以彈性的方式去變動計畫，來應對瞬息萬變的市場環境。

你會在執行過程中的幾段時間，檢討工作目標的績效完成度，若有不完善的地方，會適時做修正調整，這種因應的方式，對你創業的成功與否發揮了決定性的作用。

你最重視的是資源的有效分配，以及各種秩序的建立，讓所有東西各就其位，就能使自己有安心的踏實感，但面對突然而來的危機以及預測市場的變化性，都不是你的強項，也是你創業上的最大壓力源。

墨綠色性格的創業風格

你會被外界的新鮮事物所吸引，因此在創業的過程中，你的目標方向隨時都在變動，在這期間所遇到的人可能都比創業成功更為有趣。

你看重的是反映自己的價值目標，只要讓你感到創業的本身所帶來的成就感，你就會加以實現而堅持下去。

你對人有很好的感情投入，能體恤他人的需要，情感常流露於外，對人充滿善意，總是在幫助別人，具利他主義的傾向。

你的創業原因和其他色彩性格的人不太相同，以被動的方式為多，例如因為職場上的變故，與上司處不來，或者要兼顧家庭的需要，你才決定出來創業。

你非常重視人的價值，以服務客戶為導向，對於利潤的縮水不是太在意，也就是這批具有忠誠度的客戶力挺你，才能成就你的事業。

你的創業目標，主要是反映你的人生價值觀，對於以營利為最高宗旨的事業項目，並不是你的性格強項。

你比其他色彩性格的人，更需要找些朋友來合夥，尤其是紅色系或黃色系性格的人，在他們的協助下，能把你的創業目標拉回現實，藉由與你的合作關係，才能在創業上有所作為。

草綠色性格的創業風格

你比其他色彩性格的人，較不容易為物質名利所心動，除非是那門生意讓你覺得有興趣，這時你源源不斷地創意絕活，會成為你的創業契機。

你非常重視人的價值，以服務客戶為導向，快樂情緒能夠帶動他人一同奔向目標，注重他人的感受，有好的社交手腕，能搭起友誼的橋樑，有能力去影響客戶的行為和看法，解決雙方的分歧。

你常扮演傾聽者的角色，極具有耐心，能很好的理解對方的一切作

為，言語上對他人具有啟發性和正向引導性，會避免正面衝突和惡性競爭，能婉轉地回應意見，巧妙地化解衝突。

你擅長公共關係的建立，具有高超的協調人際關係的能力，情商很高，追求人際關係的和諧，能接納所有不同性格的人，使對方的潛能有所發揮。

你為了保持產品的完美，或是服務的水準，沒有考慮到自己的利潤會有所減少，會由這批忠心的客戶，使得你的事業能逐漸發展下去。

你專注於外部的世界，投入不同的新領域，對各種人和事物，採取開放的態度，能嘗試滿足各種不同人們的需要，讓更多的人受益。

粉綠色性格的創業風格

你有很好的人際溝通技巧及推銷的能力，能快速在市場上取得相當的成就，但不太適合單打獨鬥，還需要其他性格的合夥人加入，才能有持續的發展願景。

你很會鼓勵他人，從而激發對方的潛能，尊重他人的獨立性，博得人心和凝聚力，這樣的人性管理方法，讓下屬心服口服而減少了流動率，尤其在金融危機中，更能顯示出你企業的過人優勢。

你重視客戶的差異性，會以對方的需要，幫你打響品牌和建立良好的社會形象。你的心思細密，有很好的直覺敏感性，能以簡單又不拘泥慣用的行銷模式，靈活應對各種複雜的外界訊息，並應對客戶的個別差異性需要。

你的觀察力很強，能看出一家公司的真正定位，為它設計商標、行銷手法、官方網站、廣告活動、產品商展等，打造出適合該公司的企業化形象。

你待人處世非常積極，能融入所有的環境和場合，在短時間拉近彼此的距離，不吝於提供時間和資源來建立彼此的關係，以溫馨感性的訴求和客戶一同分享、一同成長。

你熱衷於新鮮事物，喜歡探索各種新的可能性，再以創新的方法來解決問題，很民主的不拘泥於形式，在互信的基礎下，發揮出自己和客戶間的雙贏關係。

深藍色性格的創業風格

你具有突破現狀的創造力和敏銳的直覺力，能看到社會脈動的大趨勢，這正是你創業成功的好本領。

你的創業思考方向以未來為主，注重對事情的長遠規劃，擁有超乎一般人的前瞻性思考，具有很強的創新能力，經常能提出一些很有創意的賣點。

你喜歡追求知識，總想成為某個創業領域的專家，喜歡追求與眾不同的創業領域，建立具有獨具創意的企業。

你的思慮周密，能同時理解許多觀點，討論相關的計畫，再視大環境的變化，逐步地修正方向。在目標設定上，最大的盲點就是弄得太複雜，要注意在你的營運計畫裡，多增加一些務實的細節及具體的實施步

驟，這樣可讓你的創業計畫更能邁向成功之路。

你關注事物的整體面，會從不同層面去分析問題，是個具有革新的精神思想家，也具備改造社會的雄心大志，是個理想主義的創業者。

寶藍色性格的創業風格

你在經營事業上，不會獨攬大權，具有民主風範，能分派工作給其他色彩性格的人，來實踐你的創意理念。

你的表現是與眾不同的，能自我創造出特別有價值的東西，注重對未來的規劃，常走在時代的前端，並打破傳統，發展自己特有的創業模式。

你很清楚創業要成功，就必須結合不同的各種專長，因此你會去尋求和自己互補的紅色系性格的人一起合夥創業，對於市場的走向趨勢有獨到的見解，也教育客戶新型的創意理念。

你非常注重客戶的反映意見，對於長期利益的追尋，是你的重中之重，勝過紅色系、黃色系及綠色系性格的人，也擅長處理未來的大方向，缺點是實行公司目標的細節問題。

你對於美的東西特別關注，對待創業的生活積極熱情，對生命充滿激情，並具有感染性，能夠引起對方的共鳴。

你的創業方式是完全不受規範的，不顧世俗的傳統主流目標，能去實現自我的人生價值，並期望能對社會做出重大的貢獻。

天藍色性格的創業風格

你善於獨立思考而不盲從,對於不同的理論架構做有系統的分析,從而創建出新的點子,為創業成功埋下突破現狀的種子。

你喜歡同時著手處理好幾個不同的專案,有很強的時間管理能力,能有效分配自己的精力,去辨識市場上的各種商情脈動,這是你潛在的創業本領。在企業經營時,負責開發新觀念,再去找他人處理人事任用、生產流程和產品控管等問題,大家一同為創業發展,開發出一條嶄新的大道。

你會在專注於自己的興趣前提下,展開行動去實踐自己的創業追求,求知慾很強,思考方式也很靈活,能突破常規,找到解決問題的有效方案。

你能正確看待自己的優、缺點,不會自欺欺人,重要的是能消化負面的經驗,成為自己的能量,愈挫愈勇是你心理的寫照。另外,也始終對任何事物抱有很大的好奇探究心,從中發現到新的商業運作方法,開闢出另一個創業新天地。

你最大的任務是思考公司未來的走向,如何帶領企業更上一層樓,正是你與其他色彩性格創業者最大的區隔。

以下則以混合色彩性格的人,各具有什麼樣的創業風格做為說明:

桃紅色+鵝黃色性格的創業風格

你的個性是屬於中庸偏外向的,由於你是內外兼備的混色性格,適

合主導一切，可以成為以你為主的公司形態。

　　一般所說的創業維艱守成更難，是不太適用於你的，因為你同時扮演了開創者及執行者雙重的角色，會在開創事業中，把許多該留意的地方都能預先備有腹案，以應不時之需。

　　既鋒芒又內斂，是你創業性格的最大寫照，你很清楚在什麼時間、什麼地點、該做哪些項目，才能讓自己獲得最大的利得，或是將損失降到最低點，如何進攻及何時防守，是你創業的最大強項。

粉紅色＋淺黃色性格的創業風格

　　你總想把事業做到盡善盡美的地步，既要面子又能兼顧裡子，可說是具有面面俱到的創業者風範。

　　你的創業方式是多元化的，不限定在自己的專業上，只要發現哪個產業是有獲利方法的，就會去嘗試它，由於要加快成功的腳步，所以你會用高薪挖角的方式找到適合該專案的各種專家，幫你一起打天下。

　　對外你是公司的形象大使，對內又能把公司的階層組織規劃做得很好，不浪費任何的資源。無論你在哪方面的投入，都是精打細算的，把企業經營好之後，就將它高價賣出，這是你善用的市場謀略。

　　你的創業風格是典型的美國資本主義做法，沒有家族傳承的歷史遺風，是最適合目前社會的商業創投模式。

粉紅色＋粉綠色性格的創業風格

　　你是以創業做為生活樂趣的新人類思維，這個企業基本上是以人們

的心理需要為出發點的。主要是能提供各種對增進人們生活幸福感有幫助為賣點的，並可發揮出公司的社會影響力為主要指標。

你很享受與人的互動關係，注重與對方的心情分享，傾向於自由民主派作風，在公共領域裡，你有紅袖善舞的特性，能為公司的成長，帶來好氣象；在私人領域裡，能為下屬排憂解難，獲得你的大力支持，以順利完成公司的成長目標。

你的創業模式，是走在時代前端的，無須大量的投入廣告，口耳相傳的介紹反而是你的營利點，看重的是未來更寬廣的公司發展藍圖。

鵝黃色＋粉紅色性格的創業風格

你這種混合性格，基本上是很中庸的，不會去做與時間賽跑、太過於短視近利的創業項目。

你看重的是穩紮穩打、可持續發展的公司目標。大致上，在一些傳統的主流產業裡，是你較集中創業的地方。

你很在意和諧融洽的氣氛，因此在創業過程裡能以柔克剛地處理很多棘手的事情，能夠在微小的細節上做到讓客戶稱心滿意的地步。在公司的運作上，非常上軌道，不會採取緊迫釘人的方式，一切按部就班地完善工作指標。

由於你的中庸性格使然，彷彿一切事情都在你的掌控下有序進行，如此輕鬆自在的行事風格，為你的創業成功打下很好的基礎。

粉綠色＋天藍色性格的創業風格

你的創業方向是完全與人不同的，關注的重心在於是否能夠為社會大眾做更符合人性化的服務為主要考量。因此，你會用很多時間去做各個方面的資源統整，一般的創業者很難理解你為何會那麼地投入到這個並未被人們看好的領域裡。

所以，你是在向一個從未有人踏入的創業目標，勇敢地全力推進，完全無法按正常知識去判斷它的未來在哪裡？這是用生命去做的豪賭，到底發展到什麼程度，才稱為創業成功，也很難論定。

重要的方向在於你喜歡幫助弱勢團體，會做熱心公益的形象代言人，為促進社會的和諧發展出錢出力，有時感到自己不是在創業而是在從事一生的志業。

大紅色＋淺黃色＋天藍色性格的創業風格

你創業的跨度很大，除了有關慈善組織方面的項目外，在其他的領域都會發現到你的蹤影。

由於性格的作用，你在創業過程中，能夠包容其他人的不同觀點，兼容並蓄是你的優點。因此在人際關係上也能面面俱到，對於大環境下各種市場的發展趨勢，都可以做到十分精闢獨到的分析見解。創業對你來說，是人生的使命，若能找到綠色系性格的人，和自己一起合作開創事業，有如虎添翼之勢，使自己立於不敗之地。

你會隨著環境的變動，而開發不同的企業專案，不斷地追求卓越的

成就，總想在自己的領域裡超越別人，成為最佳的人氣指標代表人物。

桃紅色＋淺黃色＋天藍色＋粉綠色性格的創業風格

你與任何人都能保持正向的交流，有很好的溝通技巧，既不會很強勢，也不會很被動，具有高度社會化的自我發展。

你具有四種顏色的混合性格，因此在各個創業領域中都能夠有很好的適應能力。不管對外、對內、對人、對物，都能調整到恰到好處，具有跨領域的通才能力，這是你最與眾不同的地方。

基本上，你能扮演一個全方位的領導角色，但創業畢竟是一個需要團隊高度合作，才能夠在激烈的社會競爭裡有所突破。太過於自信，也許是一個盲點，還是要找尋更具專業能力的經理人，幫你處理其他事宜，你才得以從容地運籌帷幄，開展所有企業的佈局，把人才好好的放在適當的位置，創業的成功是無可置疑的。

你具有完美性、中庸性、理想性、利他性四種人格特性，是成熟性最高的混合性格創業者。

最後以主次色彩性格的人，各具有什麼樣的創業風格做為說明：

大紅色＋鵝黃色性格的創業風格

你既不像典型大紅色性格的創業取向，也不如混合性格左右逢源的創業作風，因此在創業過程中，總是會遇到在要不要、行不行這些問題中徘徊，無形中自己的能量會逐漸地減少。

當然每種不同色彩性格類型的人，都有創業成功的可能性，凡事靠自己並不是最有效的行動辦法，尋求綠色系性格的人，可以幫你的創業項目，想出新點子並做出有力的推廣，讓你怕得罪客戶及逃避衝突的心理傾向，得以個好幫手來幫助你。

基本上，你要與人一起合夥創業是較能補足自己的弱項，有時候權力釋放，用不同角度做未來發展的推演，將使你邁向成功的創業之路。

大紅色＋淺黃色性格的創業風格

你重視實際的利益，認為只有看得見、摸得著的東西，才算是你要追求的方向。在創業路途上，你的目標非常明顯而且是短期可達成的利益回收效能。

你的投入和利得之間的時間性不能太長，這是你在創業項目上無法容忍的。這種走快捷獲利的方式，雖然活力十足，但是常會導致創業的生命週期不長。

常常得埋頭苦幹又比較自我中心，對於他人的建議並不那麼重視，因此，在創業上總是有許多的挫折與困難橫在眼前。

要想在創業的發展中得到精進，心理的調適非常重要，既要尋求快速的收益又要能保障自己的本錢，這是兩難的抉擇，也成為你創業上的心理難關。

大紅色＋草綠色性格的創業風格

你的大紅色職場競爭力被草綠色性格的人道主義傾向給稀釋了。

你的溝通能力很強，也能夠很快地調整自己的情緒，進入另一個職場跑道，持續性的努力耕耘是你最需要克服的問題。對於創業的理念除了市場的供需外，還要注意公司在調整期間的現金流向狀態。

最好能與黃色系或藍色系性格的人一同經營會更好，將責任分擔出去，你才能有餘暇多拜訪客戶。在創業道路上，累積各種人脈資源，是你成功的不二法寶。

大紅色＋粉綠色性格的創業風格

以人性化思維為主，很重視溝通的過程，對於自己的錯誤甘願承擔，並能進行自我批評，沒有老闆的威嚴架子。

你總會維護公司及客戶間雙方的權益平衡，大家平等地交換各樣的市場訊息，注重與對方的分享過程，也能和客戶建立很好的私人情誼，適合在以人為重點的社會服務性行業發揮你的長項。

對於公司的發展，既是成就自己也是幫助他人的成長，如何在公私兩方面做到位，是你必須要完成的任務。

所以在創業項目的選擇上，合作夥伴的爭取，都是你需要深度考慮的。在什麼樣的環境裡，調整好自己的角色扮演是非常必要的，也是你創業成功的最大關鍵所在。

桃紅色＋淺黃色性格的創業風格

你很注重自我完善，給別人留有好印象，無論要做什麼創業項目，都希望被你重視的人所接受認可，喜歡有志一同的朋友一起打拼，你看

重的是團隊歸屬感。

你不會從事和自己的專業相差太多的事業，這會令你沒有安全保障感，最好是創業的種類是能讓你立即上手的。一切以現有市場狀態為出發點，愈有實用性、時效性的項目，才是你的創業守則。

你重視公司的實際操作能力，創業之初的制度規範、獲利的方式及作業環境，都是你需要面對的問題。由於對細節考慮太多，會導致公司執行力的不足，因此合作夥伴的各司其職，是你戰勝創業過程中最大的支住力量。

草綠色＋天藍色性格的創業風格

你總是注重精神上的追求，用開放的胸襟對待他人，只要能幫他人脫離困境，自己就有被需要重視的感覺，因此不以市場現狀為依歸，完全以未來社會的發展為創業的目標。

重視親密的人際關係，不斷地追求自我的成長，具有陽光單純的心理特質，能正面看待人性的光輝面，是充滿社會理想的創業實踐者。

由於和現實環境有所脫節，很難讓他人看得明白你的利潤收益在哪裡，因此如何能找到支持你理想的人（紅色系性格的人居多，來自於心理的補償作用），投資你的未來發展目標，是你創業上的最大困難點。

你高度重視人性自尊的維護，極具有人情味，注重人際的互動方式。因此和客戶的交流深得人心，這是你邁向創業成功的最有利條件。

草綠色＋粉紅色性格的創業風格

你有非常敏銳的自我認同感，總能夠看到事物中美好的一面，以寬容感恩的心面對一切創業的挑戰。

你對他人的真誠付出，能凝聚團隊的共識，既給了別人很好的幫助，也為自己的創業之路，開創出更能夠成功的價值性意義。

你常能說服對方認同自己的想法，注重以感性的方式與客戶交往，對自我形象非常在意，甚至超過公司的名聲。人際關係的建立常會耗掉了許多的時間，在現實環境的獲利上是以慢慢累積為主，對後勢的看好是你努力的重點方向。

公司要能成長，需要有明確的工作目標指引，這是你比較欠缺的，找到黃色系性格的人加入，將可使你在創業上無後顧之憂。

第二章 生活寶典

如何看待金錢？

對所有十二色彩性格者來說，看待金錢的方式若不是反映自我心理上的象徵意義價值，就是為了達成某種目標的手段方法。

金錢這個東西，讓人們既期待又怕受傷害，面對生活上的生存及發展問題，不同色彩性格的人是如何地看待金錢的意義？金錢對你的生活發揮著什麼作用？這些上述的反應方式，都會隨著不同的性格，而有不同的金錢心理取向。

大紅色性格

大紅色性格的人，是典型追求金錢的工作狂，你的共同點在於自己所擁有的金錢永遠都不夠，都會再要求多一些。對於金錢的投資方向，自始至終是你心目中的重頭戲，縱然事業蒸蒸日上，還是不滿足現有的一切。

你希望能用金錢掌控別人，金錢足以解決所有的人生問題，為了獲取更多的金錢，你沉迷於一些投資報酬率高的項目，期望能帶來更大的利益，堅信自己獨到的眼光是不會有差錯的。但成功並不是那麼容易實現，回歸到現實面卻是痛苦不堪的。

若是經歷了失敗的苦澀打擊後，你會產生一種報復的心理陰影：「你總有一天會知道我是個成功者，我能向對方證明自己最行」。

你相信金錢的魔力勝於一切，它是最有形且是最實際的東西，擁有了金錢，將使認識你的人肯定自己的成就，所以每次的成功經驗，都能用來填補你內心的空缺。金錢對你來說代表著力量與尊重，這樣人生價值的意義才能加以證明。

桃紅色性格

桃紅色性格的人，對金錢的追求是最有企圖心的，你非常在意自我形象的包裝，特別是在金錢上的豐收，是你關注的重點所在。由此引發的聲望、地位、權勢，是金錢能量的延伸。附加價值在於能得到社會大眾的讚許，你會不由自主地誇大這種金錢至上的感覺，透過各式各樣的外顯表徵來證明你的金錢實力。包括別墅、名車、名牌生活用品等等，來彰顯你的金錢品味，尤其重視外在的面子形象工程。

若遭遇到金錢投資的失敗，會引起你極大的心理創傷，會無法接受自己失敗的事實，而相信有能力可以東山再起，不會困坐愁城。

每天都在為達成工作目標而奮鬥，無法讓自己輕鬆停下來休息，否則會有負罪感和浪費時間（金錢）的感覺，透過對金錢的依賴，可以緩解你內心的焦慮感。這種超負荷的工作量，來自於獲取更多金錢利潤的野心作用，金錢在某種程度上有助於其自信心的建立，你談話的主題幾乎圍繞在如何賺錢為中心。

金錢的多寡是證明你的實力強弱（自信心表現）的有效工具，你相

信它無窮無盡的力量，會藉由金錢去塑造自己的成功人生形象。

粉紅色性格

　　粉紅色性格的人，是金錢至上的擁護者，你的完美形象是由金錢堆積而來的。金錢對你來說是具有多功能的，能增進你的社會地位去影響別人，以達成自己的支配慾，也顯示自己有更大的吸引力，並希望以此吸引他人的注意，使自己成為眾人閒談間的焦點人物。藉著金錢擠入上層階級，使生活層面變得浮面誇張化，至於內在的情感激情則被置於物質財富的後面。

　　你很少默默地享受成功的喜悅，當然也不能忍受被別人看扁的滋味，一旦金錢收入減少時，你可以接受生活基本所需的短缺，但代表外在成功形象的各種配件，一個都不能少，注重金錢的邊際化效益。由於金錢是成功的象徵物，你可以為此犧牲掉很多東西，包括自己的興趣、愛情、睡眠等各種生活品質。

　　金錢的附加價值，是最能打動你的，利用金錢做為工具來進行各種不同人際交流的方式，是拿自己成功的一面和他人相互比較，以炫耀自己的優秀，展現自戀的完美形象。

土黃色性格

　　土黃色性格的人，視金錢為一種生活保障物，是一種內需的心理態度，隨時能掌控自己的現金流向，注重金錢的長期管理，不會過度揮霍自己名下的資產，把金錢用到實處是你的特長。

看重金錢儲蓄及長期規劃的能力，以順應社會傳統規範的要求，來處理金錢的各種用途，你的自控能力比較強，不像紅色系性格的人到處亂花錢，對於金錢的運用方式是非常保守的。一切的準則以安全為第一考量，中規中矩的使用金錢，才能達到你需要的穩定安全感。

金錢是為了保持家庭的社會經濟地位的穩定可靠性的必要手段，如果金錢的來源變動性太大，你是無法忍受這種風險的，如何保本是土黃色性格者最大的金錢任務。

鵝黃色性格

鵝黃色性格的人，能規範自己的金錢觀，會事先防範意外降臨時的金錢支出問題，有良好的自我約束能力，該用則用、該省則省，合乎社會傳統的價值。謹慎小心看待自己的金錢，將收入與必要支出安排得井然有序，如此才有如釋重負的感覺。

精打細算是你的用錢準則，日常的生活開銷會仔細地記帳，把帳目記得非常清楚，注重金錢使用的細節，以節省開支為主。投資上往往選擇共同基金及評等優良的債券等，為將來的老年生活所需預先準備，心中才會踏實。

金錢對你而言，是追求安逸平靜生活的最大基礎，深諳平凡中庸就是幸福人生的道理。

淺黃色性格

淺黃色性格的人，你的金錢來源基本上是穩定安全具有保障的，使

用方向明確，能按部就班的、謹慎小心的處理好金錢的事情。

　　你看待金錢不會太個人化，以團體或家人的目標為重，善於接納專家理財的主流意見，期望能在規定的時間內，完成金錢上的累積目標，以穩健成熟的態度使用金錢。

　　一夜致富的想法，對你來說是不存在的，積少成多才是重點。一切的金錢活動以取得家庭的共識感為主，相信自己信賴的人更能讓你有更好的歸屬感。

　　從平凡中創造幸福，是你為金錢努力的首要目的，不宣揚已富默默地在耕耘，是淺黃色性格者對待金錢最真實的寫照。

墨綠色性格

　　墨綠色性格的人，是所有性格類型中，最不喜歡以各種不同方法去追求個人的財富，金錢是身外之物可用即可。多賺的財富可以幫助更多需要支援的弱勢團體，基本上在使用金錢方面，是具有利他主義的傾向。

　　對於慈善組織的捐助是不遺餘力的。你用金錢來增添美德的行為，使自己對別人有更重要的無形影響力，對於金錢的善、惡面，你非常清楚，總是專注在與人為善的金錢價值觀。

　　你認為金錢的獲得是一種福報，取之於社會、用之於社會，財佈施的推廣既能拉人一把又能為自己增長福田，這是對金錢情感的正面延伸，也是一舉兩得的好事情。

　　你對金錢的需要，是建立在助人助己的心態上，總是為他人著想，

將金錢的價值發揮到極致，是具有大愛心表現的金錢使用態度者。

草綠色性格

草綠色性格的人，把金錢當成一種使用工具，就如同將車視為代步工具般，不凸顯華麗的外在襯托，以實際可用為標準，不好高騖遠以追求金錢的成長為人生首要的大事，生活上還有許多事情比起金錢還要重要，它們是金錢永遠買不到的。

你尤其重視社會資源中的人力整合，在投資某家公司的股票之前，不看公司的獲利分析資料，而在於看公司的人事管理制度，唯有注重員工的感受，懂得如何照顧下屬的需求，才能夠帶動更多的公司利潤成長空間，靠這種以人為本的社交手腕，無形中得到更多的理財投資情報。

你認為人脈等於金脈，能搭起友誼的橋樑，投入不同的新領域，讓金錢更加活潑的運用，對於新鮮的投資管道充滿興趣，並會嘗試去試試看。

此外，在金錢的追求上，會避免和別人產生正面衝突和惡性競爭，以利益均霑為原則，保持人際關係的和諧，你對金錢採取開放的態度，常能看到事物中美好的一面。以感恩知足常樂的心面對一切金錢的挑戰，將如何運用金錢的良好概念傳播出去，讓更多的人受益，使人生更加豐富有意義。

對於金錢的使用上，常以一種拯救者的角色出現，幫別人脫離困境，也看到了金錢最大的價值貢獻。

粉綠色性格

粉綠色性格的人，容易認為金錢是中性的，既不是讓人脫離苦海的天使，也不是令人墜入深淵的惡魔，它不是萬能的，無法填補情感的空洞。

對於金錢的運用方式，不過度強調它的價值無限性，也不會過於保守的以傳統的思維處理金錢。除了物質財富的追求外，你也注重無形的精神財富，它讓自己的生命愈加的豐富多彩，有利他主義的傾向。

你的觀察力很強，懂得靈活變通，不拘泥慣用的賺錢模式，能有效預測未來的金融市場環境變化，喜歡探索各種新的可能性，再以創新的方法來解決金錢的運用效率問題。

金錢對你的吸引力是寧靜愉悅的，在溫馨感性中和他人一起分享、一同成長，讓金錢帶動生活品質的提升。你不會拘泥於金錢的即定形式，只需要在互信的基礎下，就能發揮金錢本身所提供的各種助益。

處處以人性為考量，不吝付出自己所有，尊重別人的金錢價值觀，能靈活應對各種接踵而來的金錢挑戰。

深藍色性格

深藍色性格的人，對待金錢非常敏感細膩，注重金錢的流動性，常能察覺到他人疏忽的事物。由於具有前瞻性思想，因此特別注重資產分配的有效投資比例，這種先天的策略能力，常使你具有很好的利潤實質回報。

你常成為某個領域內的專家，靠自己的能力來賺錢，對於金錢的處置能夠深思熟慮，三思而後行，用在最需要的地方，對金錢的運用能面面俱到，尤其喜歡投資在自己身上，讓自己去體驗探索各種新鮮事物。

總喜歡探討金錢的抽象概念，善於分析各種收集而來的相關投資訊息，並建構成自己特有的金錢理論，用科學的方法去理性對待金錢的真相，也能影響他人去接受你的創意想法。

金錢對你而言，是個較為客觀的支付工具，用理論研究的趨勢做法，能夠贏來相對的實際財富。

寶藍色性格

寶藍色性格的人，對金錢的表現方式是與眾不同的，你自己能創造出特別有價值的東西，讓那些對市場敏感度高的紅色系性格者，用金錢的有形力量，支援你卓爾不凡的能力。

金錢只是滿足於個人的生活所需，不那麼看重金錢的力量。但是會恐懼金錢對你的不良影響，害怕從此失去了人身自由、沒有個人獨處的生活時間，不能發展自己特有的人生價值。

你會不顧世俗傳統的物質財富至上的目標，而去追求自己的興趣及隨之而來的生活方式。對於金錢的重視程度遠遠不如紅色系性格者、黃色系性格者、綠色系性格者，可以說你不注重實際生活層面，總在自己的理想方向踽踽獨行。

你和金錢的關係，更多來自於間接的獲得而不是為誰工作賣力之後

的直接所得。生活的樂趣在於尋找自我的肯定，和金錢的多與寡不構成必然的好壞關係。

天藍色性格

天藍色性格的人，只要對金錢有興趣就能以持續的行動力去實踐自己的追求，期間你會整合不同領域的知識背景與資源，並進行系統分析，以獲取最大化的投資利得。

你有很強的時間管理能力，能有效分配自己的精力，去完成累積金錢財富的任務。善於獨立思考而不盲從，面對金錢的處置方式，非常的低調不愛表現，能獨立自主地應對金錢的挑戰，能夠突破常規，找到適合的解決方案。

面對金錢上的挫敗考驗，能正確看待它，可以很快地消化負面的經驗，成為自己的能量。愈挫愈勇是你對應金錢的心理寫照，能及時調整好心情，去分析你失敗的原因所在，喜歡自己解決問題，去迎接下一回的金錢攻防策略。

如何找到適合自己的另一半？

在十字色彩性格座標圖，上下相鄰的紅色和黃色、綠色和藍色是內在磁場相近的顏色組合；位於對角線上的紅色和藍色、綠色和黃色是個性互補的顏色組合。這些組合方式的男女能成為很合適的情侶。

不過，男女兩性由於顏色的組合不同，雙方的溝通方式如果能接近

對方的真實心理需求，才能做有益於男女之間的有效溝通。以下針對不同的色彩性格組合方式分別描述如下：

紅色系性格＆黃色系性格

給紅色系性格者的話

喜歡挑戰極限、打破限制的你，在感情方面常憑直覺行事，有過於衝動的傾向。此時的黃色系性格者可以擔任一個踩剎車的緩衝角色，外表堅強的你，常以責備別人的不是來掩飾自己的挫敗，細心周到的黃色系性格者可以大大地減輕你的心理不適感。

男性紅色系性格者的個性大都十分衝動、佔有慾很強、脾氣不好，是典型的大男人形象。精力充沛的你們在愛情追求上的策略是以主動爭取、快速完成為目標。因此，閃電結婚的比例也是最高的，你們的實際行動與負責任的態度，加上追求對方的決心和勇氣，常能打動黃色系性格者的芳心。

給黃色系性格者的話

紅色系性格者喜歡對方的忠誠度，因此你的周到服務，對於在外打拼回到家之後的紅色系性格者，有很強的吸引力，可以大大地減輕對方工作上的壓力。你的慢節奏和不評論的態度，給了對方一個放鬆自己的空間，可以很自在地儲備能量為明日所用。

你對於沒有標準答案的問題，在面對決定時，常習慣找人商量討論，

這就是思慮周密以安全保障為第一考量的性格特質。由於渴望安全感，所以對感情的態度是相當保守的，除非已經非常肯定明白對方的心思意圖，否則你不會輕易邁開腳步接受愛情。

你大都有深藏的內在恐懼感，你會私下觀察紅色系性格者的言行舉止，四處打聽搜集資料，從這些資訊和你先前的想法是否相吻合，以便決定是否繼續交往下去。

你需要紅色系性格者提出強而有力的保證，這樣才能確保自己的安定無疑，不會被拋棄，可以放心地依賴另一半做為靠山。紅色系性格者的自信與勇於承擔一切的責任，讓你有受到被保護的感覺，此外，你們有話直說的溝通方式也是你所欣賞的，這可以排除你私下猜疑的自尋煩惱。

你希望能萬無一失地解決兩性溝通的安全方案，但猜疑心太重的你，被太多假設性的問題所困住，有時反而容易下錯決定。紅色系性格者可以認同你擔心受怕的感覺，表現出穩重而冷靜的態度。鼓勵你朝著更有建設性的方向去想像，讓你有時間慢慢地思考，守候在你身邊，以光明安全的一面使你釋放焦慮不安感。

給雙方的話

　　一位是偏外向的紅色系性格者，另一位是偏內向的黃色系性格者，兩者的結合是互為桃花貴人，前者以領導一切的強者自居，後者則總管所有的內部大小事務，讓紅色系性格者沒有後顧之憂。一般所說成功的男人背後的女人，大都以黃色系性格者為主要扮演角色。

黃色系性格者和紅色系性格者是很好的夥伴關係，不僅在生活中互相幫襯，也能在事業上同舟共濟，這種禍福與共全力付出的情感，是兩者合作無間的最好寫照。

　　總體而言，紅色系性格者和黃色系性格者都以現實環境考量為基礎，對外紅色系性格者居於主導地位；對內則是黃色系性格者所掌控，兩者的分工清楚，都能發揮各自的強項，這種組合方式大都能產生優質的兩性關係。

紅色系性格&藍色系性格

給紅色系性格者的話

　　幽默風趣、樂觀進取的你是個很好的危機處理者，也是個天生談判者，不容許別人佔你的便宜，也不能遭到不公平的對待，缺乏耐心的你，總是急於在最短時間內做出決定，有時會有悔不當初的感覺。藍色系性格者能補充你的不足，比較冷靜，很有創意，有精密思維的能力，能將各種看似沒有關聯的東西或現象加以整合成一套自己獨有的理論，令你心服口服。

　　你常以世俗的功成名就來論斷個人的存在價值感，藍色系性格者很直觀地忠於自我的人格特質，不會太在乎社會現成的價值規範認定標準，重視內在感性的心靈交流，互相尊重對方的價值觀，是雙方自我成長的重要課題。

給藍色系性格者的話

你會幫紅色系性格者勾畫遠景，設計長期策略，訂定各種應變的方法，你的淵博知識能幫助對方克服種種挑戰，開創一個嶄新的領域，遠遠超過紅色系性格者的想像空間。

你的低調神秘不想被外界打擾的心理特質，加上喜歡獨處的個性，對於紅色系性格者有絕對的吸引力。你隱身在自己建構的城堡中，害怕被別人控制而身不由己，因此不敢主動去愛，只要你下定決心付出所愛，佔有慾是非常強烈的，因為對方可能是你唯一的感情寄託。

你的感情表達方式是含蓄婉約的，這和紅色系性格者的表現是幾乎相反的，你對於物質生活的要求不會很高，但注重精神生活層面的豐富性，它能平衡紅色系性格者所欠缺的心靈財富。

給雙方的話

位於十字色彩性格座標圖對角線上的紅色系性格者和藍色親性格者是性格互補的顏色組合。紅色系性格者是偏外向為主，藍色系性格者則是以內向型居多，雙方呈現出互為對方的人生教練。

基本上，你們的內心世界是完全不同的，紅色系性格者是追求完美主義的現實者，藍色系性格者則是追求理想主義的未來者，兩者的性格取向是完全互補的。由於兩者涇渭分明，所以特別賞識對方帶給自己的人生衝擊，彼此間爆發出驚人的整合力量，是所有色彩類型中兩性搭配的最佳絕配。

紅色系性格者和藍色系性格者的結合，是可遇不可求的天作之合，所謂的一加一大於二的方式，在你們身上不難看得出來。剛開始雙方都無法立即接受對方，因為相似度畢竟太少了，但是你們的碰撞將導致個人世界的擴大，也使你們未來的人生發展更加的耀眼。

藍色系性格&綠色系性格

給藍色系性格者的話

　　你對於生命是充滿熱情的，但是卻以內斂的形式表現出你的感情深度，擁有極端的性格特質，一方面你的內心堅強毅力是所有色彩性格者中最為突出的；另一方面你的內在脆弱性也是所有色彩性格者中最為明顯的，你具備了敏感的先天氣質。

　　你有極強烈的自尊心，你的真性情是難能可貴的，不喜歡被迫去做與你的信念相違背的事情，想以自己的經驗去發現生命的真實意義。綠色系性格者則能和你產生共鳴，是由於你們有相似的心理磁場反應。

　　男性的藍色系性格者有很好的審美感，是所有色彩性格類型裡最為突出的，具有如藝術家般的被美的事物所感動。在男女交往中，對於虛假造作或是誇大其詞的言語，都是令你難以忍受的。你堅持以真誠表白為原則，一旦說出口通常是直言不諱的。

　　你若對綠色系性格者的愛心付出視為理所當然，或是對方向你公開

說出其不滿時，你卻沒有及時給予對方心理想要的反應，這會讓綠色系性格者對你失去愛意。因此，你應當全心全意地傾聽綠色系性格者的心聲，不要打斷對方的訴說，綠色系性格者特別憂慮被對方拒絕的心理感受。

給綠色系性格者的話

你樂於對人犧牲奉獻，以開放式的方式與他人一同分享你的熱心助人行動。你對人和煦的溫暖感覺和體貼大方的行為表現，著實讓藍色系性格者深為感動，能夠無條件地支持你的所有行動。

你無時無刻都在注意對方，從對方的肢體語言、臉部表情、情緒聲調等，判別其心理需要而做出與之對應的種種作為。你對感情方面，遵守著先有付出才有所得的法則，你的寬大情懷滿足了藍色系性格者需要的家庭親密式的溫馨關懷氛圍。

給雙方的話

你們位於十字色彩性格座標圖的左上與左下，藍色系性格者以偏內向為主，綠色系性格者則以偏外向者居多。因此，你們的外在表現方式是極為不同的，但是都看重未來的長期利益發展。

你們兩者基本上是相處愉快的，除了兩性關係外，你們也能成為很好的亦師亦友的合作夥伴。

綠色系性格＆黃色系性格

給綠色系性格者的話

　　男性綠色系性格者的口語表達能力是所有色彩性格類型中最好的。想像力和身體語言都非常豐富，你多才多藝的本領會讓黃色系性格者十分的欣賞，你們的興趣也很廣泛，對於任何新奇的事物都勇於嘗鮮，這對保守的黃色系性格者產生致命的吸引力。

　　你自認比別人聰明，若是覺得不被對方重視或是受到不公平的批評時，你的心裡會很震驚且會自問你們哪裡出了問題。對於未來你是非常樂觀、充滿正面期待的。擅長把場面搞熱促進人際交流是你們的強項，不喜歡中規中矩的辦事態度，這些都為黃色系性格者帶來了前所未有的互補效應。

給黃色系性格者的話

　　你的性格較溫和，不會為了競爭主導權而過於強勢，以和為貴知所進退的心態是你的處世原則。不願與人針鋒相對，以被動來因應對方，避免產生雙方的衝突，這恰恰配合綠色系性格者在人際關係主導上的優勢。

　　你喜歡傳統上較為強勢的另一半，基於天性互為補充的作用，會很自然地被綠色系性格者的開朗活潑所吸引。你們的多姿多彩生活經驗是你企盼能達到的。在感情上具有較溫吞的個性，你不會像綠色系性格者一樣強力推銷自己的想法，或是盡力去爭取別人的支持。如此不被人重

視的感覺會讓你非常不舒服，這時候的綠色系性格者可以充當你的最佳聽眾，給你最期待的溫暖關懷。

給雙方的話

　　你們的方位在十字色彩性格座標圖對角線上，是性格互補的顏色組合，綠色系性格者是偏外向為主，黃色系性格者則是以內向型居多，雙方呈現出互為對方的人生教練。

　　基本上，綠色系性格者的興趣在人的身上；黃色系性格者的興趣在事物安排上，綠色系性格者擁有博愛的精神，對人特別照顧，以慈悲心腸者自居；黃色系性格者則專注在自己的事務上，總想把事情做好做對，是安於本分的穩定自持者。如此的心物二元化配對關係，能帶來想像不到的人生境遇，你們之間的接觸能帶動彼此的有效分工，能截長補短地促進兩性互動的關係。

　　綠色系性格者和黃色系性格者，互為對方的強、弱項。你們的配合擴大了生命的能量，也能構成生活中的圓滿，是天造地設的一對佳偶。

如何進行適合自己的思維訓練？

　　每種性格都具有各自不同的強項和弱點，你從十二色性格測驗中，發現了自己的性格之後，接下來要做的是如何增進該性格的優點所在。

　　由於性格的不同，所以你在與人交流過程中，常會自以為是的把屬於你自己的認知行為模式，認定是「正常的」，而將其他的表現方式視

為「不正常的」，由於這些盲點導致了人際關係溝通上的障礙。

以下是十二色性格適合的思維訓練。

紅色系性格（大紅、桃紅、粉紅）的人

此系列性格的人太看重行為的結果，並以自我為中心，一切以功利至上，過於理性考慮而忽略了感性的心理需求。因此，你的思維訓練，要以他人的福祉做為出發點，才是自我成長的開始。

大紅色性格的人，可以加以控制和他人的競爭想法，它是你心理衝突的根本來源。你要誠實面對自己，不要過於誇大自己的世俗化成就而膨脹自我，真正讓他人留下好印象的是真實的表現，絕不是自我標榜的成功才能。學會傾聽他人的意見，發展出仁厚寬恕和合作的精神。嘗試去瞭解自己的價值，並不在於擁有物質面的豐盛，而在於感覺自己本身很重要。強硬的態度只是為了掩藏內在輸不起的柔弱心理，但這只會造成對方的不滿與壓力，瞭解到自己內在脆弱的一面，才能真正有效地做出說明自我成長的目標達成。

桃紅色性格的人，你過於強勢，可以在行動前先聽取他人的意見，以減少自己的魯莽衝動。試著靜下心來，退一步海闊天空，尋求雙贏的局面。需要更深入地體會他人的心情感受，不要只想到自己的成功快樂。此外，你的言行舉止太直接，很容易冒犯別人或言過其實，是不是可以運用幽默感的方式，減輕與人互動的緊張關係，不要一味地和他人競爭，存著一份感激的心，並平等對待他人，為對方的幸福奉獻出自己的力量，自己將會感到人生的更加美好。

粉紅色性格的人，你不要過於自戀，誇耀自己的才能，顯得別人不如自己的感覺。多考慮對方的感受和需求，這樣你會成為更加優秀完美的人。除了在物質方面的追求得到滿足之外，對於精神上的充實也應有所注重，追隨自己的強項前進，不用費心和他人做比較，或羨慕別人的成功，專注於自己的能力，朝最好的方向發展，做出最好的自己。

黃色系性格（土黃、鵝黃、淺黃）的人

　　此系列性格的人都比較安於現狀，總是保持低調的形象，看重團隊的支援，服從組織的規範和階層管理制度，做起事來能有系統的執行到位，這種過於謹慎的性格，有權威保守的傾向。在面對外界不斷變化的環境中，只有勇敢去直接面對它、挑戰它，才有自我成長的可能性。

　　土黃色性格的人，太要求工作的確定感，以維持職責的連續性。在面對壓力時，有時會反應過度，憂患意識特別強烈，常有誇大威脅的傾向。自我防衛性太強，過於保護自己，藉由理性的思考打破負面的思考模式，不依賴他人做保證的想法，相信你有能力、信心完成工作目標。你要有勇氣表達自己的心理感受，特別是針對那些所謂的權威形象人士，不壓抑自己的恐懼多疑心理，維持內在的情感平衡，才能真實的做自己的主人，那就是成熟的自我成長表現。

　　鵝黃色性格的人，除了工作、生活有保障外，自己的人生還欠缺些什麼，你是否花了太多時間考慮事情，而忽視對自己內在真實想法的探索。因為怕做錯事情，受到權威人士對自己的懲罰，試著理性去看待犯錯的可能性，它將能突破對自我的設限。生活上的無常變化是最實際的，

正視它自然產生自信，能堅持做最好的自己，使特長有所發揮，才是成長的開始。

　　淺黃色性格的人，在做決定時會評估所有看得見的風險，浪費了許多時間，試著給自己訂個工作時間表，發展自我的行動決策力。此外，你要勇於表現自己的意見，學會做真正的自己，不要被想像中的困難嚇到，這樣會削減自己的能量。除了團隊發展和提供家人的所需外，還要關注自我的心理需求滿足度，只有回歸到平靜和諧的狀態，才能集中力量突破現狀。

綠色系性格（墨綠、草綠、粉綠）的人

　　此系列的人一切以感性為出發點，善於去影響他人的行為和態度。尊重對方的價值觀，能耐心傾聽別人的說法，扮演著好聽眾的角色。有時會過於積極涉入而導致他人與你的界限不明，產生煩惱的念頭。總想做深入的交往，但由於種種的條件限制，常會造成自己的挫敗感。如果能學會適可而止的應對方式，相信你的人生會更加的圓滿。

　　墨綠色性格的人，凡事以別人的需要為優先考量，要學會如何適度地拒絕對方的要求。此外，你常以個人主觀的方式去幫忙他人，但是這些行動是否真正符合對方的需要呢？這是你需要再三考慮的。對於他人求助自己時，要能及時伸出援手，但要幫助他如何釣魚，而不是只給他魚吃。如果能不考慮對方的回報，才是真正地具備行善者的角色，也才會促進自我的成長。

　　草綠色性格的人，太關心他人的一切，留給自己的時間太少，個體

的能量是有限度的，若是太過則是個問題，隨時把握時間為自己充電，才能幫助更多的人。此外，你的佔有控制慾望太強，在愛人和被愛之間有心理的矛盾衝突存在，如何做到愈單純、愈無私、愈真誠，是你要努力的方向。至於在為他人勞心費力的做完值得做的事情後，就讓它順勢發展，不要把對方的感激看得太重，這樣只會造成他人的不自在，自己也會煩心，這是你要面對的成長課題。

　　粉綠色性格的人，對他人的批評指正太過敏感，會感到自己沒有好人緣，你是無法做到讓每個人都滿意的。學習放鬆自己，多給自己一些時間，不要認為每一件事都要負起道義上的責任，也不要太過期待自己的付出能喚起他人的立即改變，美德本身就是最好的回報。你要學習讓他人做主，尊重對方的決定，別指揮他應該怎麼做，更不要讓自己認同的價值系統，強加於他人身上。學會享受這種無形的快樂，就能活出自性的本質，試著用智慧引領自我的成長。

藍色系性格（深藍、寶藍、天藍）的人

　　此系列性格的人喜歡展望未來的理想，生活在民主自由的空間裡。創新發展是你的特長，不追求別人的認可，看重自我的成長。由於熱衷開創一個嶄新的世界，因此，你會習慣獨處，這容易造成與外界環境阻隔的現象。所以，將自己融入在群體裡，才能把創意實踐出來，這是思考自我成長的重要里程碑。

　　深藍色性格的人，常專注在自己覺得有趣的事情中，總認為自己的想法最有效、最新穎的。這種強調語氣對於社交關係的建立常有反效果，

你引以為傲的事情，可能就是自己和他人產生距離的原因。你也很容易輕視那些不如自己聰明的人卻對你做出太苛刻的批評。這種恃才傲物的心理，常給他人帶來威脅的感覺，學著人中自有人上人的謙卑心態，才能在為人處世上得到正向的回應。如果能從別人的立場去理解你所面對的問題，不要以理性分析的角度來判斷對方的行為，讓自己能信任別人，將使自我成長變得更加的圓滿如意。

寶藍色性格的人，太關注自己的感覺，總想等待著好情緒的來臨而拖延事情的進行，太過敏感於他人的言語和行為，而在內心裡擴大了它的非理性效應。不要認為自己太獨特，而讓自己變成沒有人能理解，如果能試著與他人加強溝通，相信別人會逐漸地理解你。你也需要學習自然地表達出自己的情感，這樣才能得到對方真實的反應。在可能範圍內多去幫助他人，擴展自己的人際關係，以避免過度沉溺在自己的世界裡。

天藍色性格的人，總是自給自足的生活，不想被他人打擾，也害怕自己的情緒被對方控制，可以試著多與他人交流，擴大自己的生活圈。由於你注重自己的隱私，很少會去表達自己的情感。過度保護自己的結果很容易與現實脫節，多花一些時間去看待人際關係的本質，它並沒有想像中的可怕或難以應對。除了精神層面的滿足外，對於世俗的功成名就也要適時地加以運用，以增進自己對他人的影響力，唯有透過它，自我的能量才能有所成長。

如何找到適合自己的創意休閒生活方式？

工作與休閒，正如吃飯與睡覺一樣，是你每天生活上必要的基本需

要，只是質與量、好與壞、多與少的問題，如何在工作與休閒兩者間做出動態平衡的有效分配，更好地提升生活的快樂品質，是你現在急待追求的「創意休閒生活」。

美國人本主義心理學家羅傑斯（Rogers）早在上世紀六○年代就宣導過創意與生活間密不可分的關係，他說：「當你開放心靈去迎接各種經驗時，你的行為就會產生創意，而這種對外界的知覺開放，對於建設性的創意是很重要的。」

中國有句老諺語：「業精於勤，而荒於嬉」，那是個以科舉考試為主流的舊式封建思想下的產物，引申出萬般皆下品，唯有讀書高的統一論調，如今早已不適合現今的社會生活形態。你處在層層的工作壓力下，競爭無處不在，唯有創意的思想作為，才能補充更多的活潑能源，讓自己的人生道路越來越寬廣。

現在的政府提倡創意文化產業做為施政的重點，但它沒說明清楚我們要如何去做，才能更好地完成所謂創意文化產業的任務使命。首先，你不只是成為一位「創意工作者」，同時應該也是一位「創意休閒生活家」。

在舊經濟時代，你若想獲得工作上的成就，必須做出犧牲生活品質的追求，以廠為家或以公司為重，如今你生活在新的創意經濟時代裡，卻沒有「創意休閒生活」，既然沒有陶冶性情的生活方式，就沒有創意文化產業的發展能力。休閒並不只是補充因勞動而失去的體力，而是從適合的休閒生活中，創造出你的競爭力。

很多人以為生活品質的追求是社會演變下的必然結果，當社會逐漸富裕時，你會從生活是為工作服務的初步階段進步到工作是為生活服務的發展階段。這種的言論只是以表象做為判斷依據，並沒有真正掌握到背後的深層意義。

現今你對生活品質的重視，是對應於目前創意經濟發展的主流意識，既然創意是當下經濟發展的重要條件，因此世界各國積極投入到創意人才及創意資本的發展，創意這個東西不僅決定了一個國家或是一個公司在國際創意文化產業中的競爭力，也決定了個人的職場生涯升遷的機會。

「創意休閒生活」對你工作之後的身心平衡發揮了非常大的作用，不但身心獲得輕鬆的解放，在工作領域的表現也大有嶄獲，看看西方發達國家的休閒活動方式及各種的配對設施，做得非常完善，讓休閒真正成為人們的基本生活方式，也帶動了創意文化產業的優質發展，這些事實證明了工作、休閒、創意是三位一體的，透過它們之間的相互作用，能夠豐富你的人生，也創造出驚人的經濟效益。

「創意休閒生活」既然對個體有所幫助，那麼你要如何從休閒中成為創意生活的達人呢？按照不同內、外向色彩性格和中性傾向的人，設計出適合其人格特質的「創意休閒生活」。它能最大程度地滿足自己真正的興趣所在，當個體投入到這個情境中，將會體驗人生的美妙與充足的喜悅。

區分為以下的十二大類：戶外型、機械型、科學型、數字型、事務型、社服型、互動型、藝術型、文學型、音樂型、挑戰型、閒散型。

外向型紅色系性格（大紅色＞桃紅色＞粉紅色）：你是向人群靠攏之後，才能逐漸增生能量，期待下次回到工作上有更好的績效表現，而不是靠自己獨處來恢復元氣，所以你適合的「創意休閒生活」應該是屬於「戶外型」，包括了室外的體育活動、園藝活動、航行活動、釣魚活動、游泳活動、打獵活動、野營活動、自助旅行活動、登山活動、收集各種標本、郵票、藝術品買賣活動為主的休閒方式。

內向型紅色系性格（粉紅色＞桃紅色＞粉紅色）：你是靠自己獨處時的自我沉澱來恢復能量，期待下次回到工作中有更好的績效表現，而不是靠人群的集結來增生能量，所以你適合的「創意休閒生活」應該是屬於「機械型」，包括了家庭裝修活動、組合模型活動、汽車維修活動、閱讀各種的專業書籍、需要用到動手做事的活動，都適合做為你的休閒方式。

中間型紅色系性格（大紅色、桃紅色、粉紅色）：你是處於中庸的狀態，對於與人群的親近或者與自己的單獨相處，都能有所適應，只要不過度為之皆可增生能量，所以你適合的「創意休閒生活」應該是除了「戶外型」、「機械型」外，還可屬於「科學型」，包括了觀天象活動、烹飪活動、各種科學實驗活動，都很適合成為你的「創意休閒生活」形態，來從中得到很多的人生樂趣。

內向型黃色系性格（土黃色＞鵝黃色＞淺黃色）：你是靠自己獨處時的自我沉澱來恢復能量，期待下次回到工作時，有更好的績效表現，而不是靠人群的集結來增生能量，所以你適合的「創意休閒生活」應該是屬於「數字型」，包含了金錢分配活動、擺脫工作時鐘活動、單獨旅

行活動、網路競標活動，這些休閒方式是對你的能量會有所提升。

外向型黃色系性格（淺黃色＞鵝黃色＞土黃色）：你是向人群靠攏之後，才能逐漸增生能量，期待下次回到工作中能有更好的績效表現，而不是靠自己獨處來恢復元氣，所以你適合的「創意休閒生活」應該是屬於「音樂型」，包括了唱歌活動、跳舞活動、音樂會活動、表演活動，它們可以大大減輕你的工作壓力，找到活力的泉源。

中間型黃色系性格（淺黃色、鵝黃色、土黃色）：你是處於中庸的狀態，對於與人群的親近或者與自己的單獨相處，都能有所適應，只要不過度為之皆可增生能量，所以你適合的「創意休閒生活」應該是除了「數字型」、「音樂型」外，還可屬於「事務型」，包含了檔案建立活動、網路對話活動、網聚活動，這些休閒活動，可加強你的自我能量，讓之後的工作完成度更加滿意。

外向型綠色系性格（墨綠色＞草綠色＞粉綠色）：你是向人群靠攏之後，才能逐漸增生能量，期待下次回到工作時，能有更好的績效表現，而不是靠自己獨處來恢復元氣，所以你適合的「創意休閒生活」應該是屬於「社服型」，這包括了慈善活動、志願者活動、公關社交活動、宗教團體活動、自我成長團體活動、各種培訓活動，它能讓你發揮助人為樂的優點，用自己的行動去影響他人，是你注入能量開展工作最好的成長因子。

內向型綠色系性格（粉綠色＞草綠色＞墨綠色）：你是靠自己獨處時的自我沉澱來恢復能量，期待下次回到工作上有更好的績效表現，而不是靠人群的集結來增生能量，所以你適合的「創意休閒生活」應該是

屬於「文學型」，包括寫作活動、閱讀活動、填字活動、身心靈成長活動，皆是對你的自我成長有所助益的休閒方式。

中間型綠系性格（粉綠色、草綠色、墨綠色）：你是處於中庸的狀態，對於與人群的親近或者與自己的單獨相處，都能有所適應，只要不過度為之皆可增生能量，所以你適合的「創意休閒生活」應該是除了「社服型」、「文學型」外，還可屬於「互動型」，像是團體交流活動、心理課程活動、組織會員活動、各種拍賣活動，都對你的自我成長帶來豐富的人脈資源。

內向型藍色系性格（深藍色＞寶藍色＞天藍色）：你是靠自己獨處時的自我沉澱來恢復能量，期待下次回到工作上會有更好的績效表現，而不是靠人群的集結來增生能量，所以你適合的「創意休閒生活」應該是屬於「藝術型」，其中包含了繪畫活動、手工藝活動、攝影活動、藝術品收集活動、雕塑活動、各種設計活動，這些富有創造性的表現形態，能符合對美有獨到判斷力的你，用它們做為你的休閒方式，能補足你需要的能量，對日後的工作有莫大的幫助。

外向型藍色系性格（天藍色＞寶藍色＞深藍色）：你是向人群靠攏之後，才能逐漸增生能量，期待下次回到工作時，才能有更好的績效表現，而不是靠自己獨處來恢復元氣，所以你適合的「創意休閒生活」應該是屬於「挑戰型」，像是與年齡不相稱活動、團體演奏活動、極限活動、益智活動，它能使你的活力向前延伸，擴充你的知性領域，成為另類休閒生活專家。

中間型綠色系性格（天藍色、寶藍色、深藍色）：你是處於中庸的

狀態，對於與人群的親近或者與自己的單獨相處，都能有所適應，只要不過度為之皆可產生能量，所以你適合的「創意休閒生活」應該是除了「藝術型」、「挑戰型」外，還可屬於「閒散型」，這包括了騎自行車活動、親近大自然活動、各種藝文活動，這些休閒活動可讓你的身心獲得舒展，自信心得到加持，對於工作上能更加精益求精。

　　從你的色彩性格類型中，去選擇適合自己的「創意休閒生活」，它決定了你的生活品質的好與壞、自我的滿足或不滿足、自己人生價值的完整與否的內在心理感受。尤其在你面對工作上的種種壓力時，更需要藉由上述各類的「創意休閒生活」來平衡自己的身心狀況，懂得如何去安排自己的休閒時間，是現代社會的白領階層們非常重要的學習課題！

第三章　自我透視

十二色彩性格的為人處世反應模式

由於每種色彩性格的人，對於人、事、物的反應模式各不相同，在這一章節中，以紅色系（大紅色、桃紅色、粉紅色）、綠色系（墨綠色、草綠色、粉綠色）、黃色系（土黃色、鵝黃色、淺黃色）、藍色系（深藍色、寶藍色、天藍色）四個基本主色做為主要的分辨說明。按照藝術心理分析圖卡的測試還區分為紅＆黃、紅＆綠、綠＆紅、綠＆藍、黃＆紅、黃＆藍、藍＆綠、藍＆黃共十種不同的性格反應模式。

反應模式有三個方面：積極行為、心理需求、壓力反應三種不同表現方式。

以下用十個不同的維度來加以說明：

一、個人相處度

這是關於一對一溝通上的對應模式、包括夫妻、親密朋友、上司與下屬之間。

紅色系＆黃色系（紅色為主，黃色為輔）反應模式

積極行為：待人坦率耿直、客觀公正、直接感受、不感情用事。

心理需求：期待他人能同樣積極互動，以事論人較少感情介入。

壓力反應：易忽視他人的情感因素，有太功利的舉止，對他人的內在情緒會視而不見。

藍色系＆綠色系（藍色為主，綠色為輔）反應模式

積極行為：待人嚴肅認真、具洞察力、尊重欣賞對方、看重他人的價值所在。

心理需求：希望他人對你表現欣賞和尊重，肯定你的所作所為。

壓力反應：與他人會處得不自在，情感表達不確定，過於敏感而不自信。

個人相處度上存在的偏見

紅色系＆黃色系性格的人，容易認為藍色系＆綠色系性格的人過分敏感，想得太虛而不切合實際。

藍色系＆綠色系性格的人，容易認為紅色系＆黃色系性格的人太過強硬而麻木不仁。

二、群體接納度

這是關於你如何在群體的基礎上與人相處。

黃色系＆紅色系（黃色為主，紅色為輔）反應模式

積極行為：大家一起協同工作、社交關係良好、融入環境適應性強。

心理需求：需要群體的支援，被人接納而站在支配的地位。

壓力反應：大量使用社交用語，想法易被動搖，會逃避較親密的人際關係。

藍色系＆綠色系（藍色為主，綠色為輔）反應模式

積極行為：獨立進行思考及開展工作，從事個人興趣的專案而有好的發展方向。

心理需求：需要一段只屬於你的時間運用，排斥社交性的人際交往，可以獨自處理自己的事。

壓力反應：忽視群體的需求，變得離群索居，會低估群體的重要性。

群體接納度上存在的偏見

黃色系＆紅色系性格的人，容易認為藍色系＆綠色系性格的人性格孤僻，不易妥協。

藍色系＆綠色系性格的人，容易認為黃色系＆紅色系性格的人總想討人歡心，對上司言聽計從沒有主見。

三、辦事嚴謹度

這是關於你在已有的規則和制度下的對應態度。

黃色系&紅色系（黃色為主，紅色為輔）反應模式

積極行為：關心細節、系統化的計畫、穩定性及可預測性、貫徹執行能力。

心理需求：需要一個有明確性、組織性的排程，能得到部門同僚的支援，有一張清單以便能有秩序地完成任務。

壓力反應：害怕不可知的外來因素，思想僵固反對變化，有回歸傳統的主流規範的趨勢。

藍色系&綠色系（藍色為主，綠色為輔）反應模式

積極行為：靈活變通，注重新鮮事物，會接受新任務，用新方法解決問題，是一個好的策劃者。

心理需求：偏愛寬鬆的管理，發揮個人強項的時機，渴望最少的規矩，做出你的出色表現。

壓力反應：忽視必要的規則，會對方案的貫徹無法執行，而做出草率的判斷，對上司有所意見，故意將事情拖到最後關頭才做。

辦事嚴謹度上存在的偏見

黃色系&紅色系性格的人，容易認為藍色系&綠色系性格的人做事

雜亂無章，不切實際。

　　藍色系＆綠色系性格的人，容易認為黃色系＆紅色系性格的人沒有想像力，過於按部就班，不知變通。

四、管理權威度

　　這是關於你在與人交往中進行管理的方式。

紅色系＆黃色系（紅色為主，黃色為輔）反應模式

積極行為：非常自信、積極爭取你要的東西、具領導權威、有勝過他人及影響他人的強烈競爭意識。

心理需求：需要由上而下的強而有力管理，直接和對方進行決策的討論，喜好面對面的嚴格管理監督。

壓力反應：盛氣凌人而武斷從事，伴有挑釁的行為，在公開場合的反駁與爭論。

藍色系＆綠色系（藍色為主，綠色為輔）反應模式

積極行為：在民主的氛圍中運用權力，用平等禮貌的方式請對方做事，會避免公開的衝突。

心理需求：需要和諧相互關切的人際關係、某種能支撐你權力的頭銜和一個寬鬆的職場環境。

壓力反應：喪失自信不能自由地發表意見，會避免爭端，反感對方

對你的專制壓迫。

管理權威度上的存在偏見

紅色系＆黃色系性格的人，容易認為藍＆綠色系性格的人表現柔弱，不會運用權力。

藍色系＆綠色系性格的人，容易認為紅色系＆黃色系性格的人目中無人，一意孤行。

五、工作成就度

這是關於你在個人成就和現實利益上的表現方式。

紅色系＆綠色系（紅色為主，綠色為輔）反應模式

積極行為：極具競爭力，從事能賺錢的商業冒險，善於隨機應變，對收入有著強烈的慾望。

心理需求：需要實際具體的報酬做為對你優勢的認可，強調個人的能力和才幹，完成任務要及時的獎賞和對升遷的有力保證。

壓力反應：會過度採取行動保護既得利益和自我的領域，因而會變得多疑和投機的表現。

藍色系&黃色系（藍色為主，黃色為輔）反應模式

積極行為：注重工作的長期價值，信任自己和堅持始終如一，關心工作的長期利益。

心理需求：工作環境能突出你的強項，希望大家能協同配合，以誠相待，可將競爭與對立減到最小，能在工作中幫助他人成長的機會。

壓力反應：變得不切實際，低估自己的價值性，對現實利益的討價還價方式感到很不舒服。

工作成就度上的存在偏見

紅色系&綠色系性格的人，容易認為藍色系&黃色系性格的人不符合現實環境，也太理想空洞化了。

藍色系&黃色系性格的人，容易認為紅色系&綠色系性格的人太功利主義，利用機會讓別人為自己謀福利。

六、持續活力度

這是關於你處理工作中問題的方法。

紅色系&綠色系（紅色為主，綠色為輔）反應模式

積極行為：精力充足能整天保持活躍，有動力完成一項要求十分緊

迫的任務，可以處理大量的工作。

心理需求：需要各種工作任務保持你心理的充實感，除了工作外，在社交活動中激發你的活躍能量。

壓力反應：容易蠻幹浪費精力，變得急於躁進，沒有耐心而極易發怒，難以有效的安排工作。

藍色系&黃色系（藍色為主，黃色為輔）反應模式

積極行為：能深思熟慮有效地利用你的能量，對於問題的解決能通盤考慮不急於一時。

心理需求：適當的工作環境讓你有足夠的思考時間，沒有按表操課的限制，互不干擾的寬鬆氛圍，按照自己的節奏來工作。

壓力反應：容易感到厭倦洩氣，工作一拖再拖無法進展，而失去了競爭的活力。

持續活力度上的存在偏見

紅色系&綠色系性格的人，容易認為藍色系&黃色系性格的人太不知進取，做事也沒效率。

藍色系&黃色系性格的人，容易認為紅色系&綠色系性格的人靜不下來，脾氣急躁過於瞎忙。

七、情感互動度

這是關於你在人際交往中如何看待情感。

紅色系&黃色系（紅色為主，黃色為輔）反應模式

積極行為：抱著超然客觀的態度，不讓情感矇蔽事實，講求理性實際的結果，有達成目的性的現實感情行為舉止。

心理需求：希望對方能對你就事論事，不涉及感情的涉入，用簡單明瞭的方法去解決問題，。

壓力反應：變得苛刻，沒有人情味，對他人的情感沒有感覺，只注重當前的結果。

綠色系&藍色系（綠色為主，藍色為輔）反應模式

積極行為：有真誠溫暖的人際關係，富有洞察力和同情心，對他人有感性的期待。

心理需求：需要一個富於情感的工作環境，想與人分享你的想法，藉機會表達你的內心世界，有期待又怕被傷害的感覺。

壓力反應：容易變得情緒低落，看法過於悲觀，有疏離環境的想法而自顧自憐。

情感互動上的存在偏見

紅色系&黃色系性格的人，容易認為綠色系&藍色系性格的人太過感情用事，造成情勢的不穩定。

綠色系＆藍色系性格的人，容易認為紅色系＆黃色系性格的人過於冷淡，缺乏同情心。

八、外在變化度

這是關於你對變化和多樣化事物的接受程度。

綠色系＆藍色系（綠色為主，藍色為輔）反應模式

積極行為：偏好外在事物的變化，每日的變動性是你活力的來源，在變動中尋求自我的成長。

心理需求：需要有創意的工作環境，可以參加各種不同有變化的活動，接受新的挑戰和特殊的專案，對工作上的感覺會愈好。

壓力反應：對事情的專注度不足，無法按時完成工作上的任務，容易變得激動。

黃色系＆紅色系（黃色為主，紅色為輔）反應模式

積極行為：讓變化維持在最小範圍，集中精力在一段時間做完一件事，再開始另一件事的進行，強調事情的連貫性。

心理需求：期待別人給你最少的變化，希望按照原有的傳統來進行工作的程序，若有變化來臨，可以預先做些準備和考慮運作方式。

壓力反應：過於集中一個方向，導致行為的偏差，對突然的變化會
　　　　　　　有抵觸的情緒而失去做事的彈性。

外在變化度上的存在偏見

　　綠色系＆藍色系性格的人，容易認為黃色系＆紅色系性格的人缺乏
冒險精神，抗拒外界的變化。

　　黃色系＆紅色系性格的人，容易認為綠色系＆藍色系性格的人不能
安定下來，缺乏自律，為了變化而變化。

九、決策思考度

　　這是關於你對做決定所花時間做的評估。

紅色系＆黃色系（紅色為主，黃色為輔）反應模式

　　積極行為：會快速做決定，同時能明瞭局勢，以客觀、實際、邏輯
　　　　　　　的概念去行動。

　　心理需求：希望能立即做出果斷的決定，講求速戰速決，不拖延時
　　　　　　　間。

　　壓力反應：由於對局面認知不清，太快做出決定而感到苦惱。

藍色系＆綠色系（藍色為主，綠色為輔）反應模式

　　積極行為：在決定之前會徵求別人的意見，考慮決策所帶來的各種

預計結果。

心理需求：要有充足的時間做決定，尤其在有壓力的環境下，期望
　　　　　所做的決定是正確的。

壓力反應：由於想太多，害怕做出錯誤的決定，容易產生焦慮而拖
　　　　　延時間。

決策思考度上的存在偏見

紅色系＆黃色性格的人，容易認為藍色系＆綠色系性格的人太過優
柔寡斷，考慮太多而無時間概念。

藍色系＆綠色系性格的人，容易認為紅色系＆黃色系性格的人看待
問題過於簡單化，易衝動魯莽作決定。

十、個人自由度

這是關於你從社會環境約束下解脫出來的程度。

綠色系＆藍色系（綠色為主，藍色為輔）反應模式

積極行為：不被既定的規範所約束，有自我的主張，常採用新點子
　　　　　和新方法去解決各種的問題。

心理需求：需要一個能允許自我表現和自我做決定的環境下工作，
　　　　　自己能自由地訂下目標和準則。

壓力反應：在壓力下，你會成為一個叛逆、不遵守規範的人，過於

個人主義而我行我素。

黃色系＆紅色系（黃色為主，紅色為輔）反應模式

積極行為：在群體中能和人打成一片，做法符合大眾慣例，不想浪費時間去挑戰已存在的社會規則。

心理需求：喜好生活得井然有序，可以維持工作的穩定性和符合常態的工作環境。

壓力反應：變得緊張且焦慮不安，壓抑自己的情感，恐懼突發的事物。

個人自由度上的存在偏見

綠色系＆藍色系性格的人，容易認為黃色系＆紅色系性格的人過於遲鈍守舊，不知變通。

黃色系＆紅色系性格的人。認為綠色系＆藍色系性格的人太放縱自己，自認與眾不同而有不可預測性。

十二色彩性格的振奮方式

十二色彩性格的人可分為四組不同的振奮方式，包括行動力、執行力、親和力和創造力，純色性格的振奮方式最單純，依次是混合性格、主次性格、矛盾性格、未分化性格。

行動力組：紅色系性格（大紅色、桃紅色、粉紅色）

這三種性格的人在行動力方面都是你的強項所在，當處於積極狀態時，有六種能力是其他性格類型者望塵莫及的。這些能力包括了高效能力、行動進取能力、積極主動能力、適應靈活能力、工作熱情能力、高標達成能力。但處於消極狀態時，卻會停滯不前無法達成上述的行動力，這時候，你的情緒會非常低落，覺得人生無聊、空虛、孤單和提不起勁等，對過去追求的成功形象加以貶低，導致自己不能採取行動獲得任何有效成果。

引起行動力不足的心理因素，是失去所愛的人或物、自尊心受到嚴重打擊，把原本對外的攻擊表現轉向自己。對愛面子、以自我為中心的紅色系性格（大紅色、桃紅色、粉紅色）的人來說，你的基本焦慮在於失去某些有形東西的危機感。

所以要消除阻礙行動力的給力方式，就是給予你權力、聲望和財富的誘因，才能恢復以往解決問題的行動力。

執行力組：黃色系性格（土黃色、鵝黃色、淺黃色）

這三種性格的人在執行力方面都是你的強項所在，當處於積極狀態時，有六種能力是其他性格類型者無法挑戰的。這些能力包括了忠誠服從能力、組織規劃能力、細節專注能力、職業道德能力、團隊精神能力和管理執行能力。但處於消極狀態時，卻會完全屈服於自卑與缺乏安全感的強迫性症狀中，而缺乏變通的能力，你比其他性格類型者更依賴熟悉的事物，只堅持信任原有不可動搖的觀點。你想法上的懷疑和不信任，

加上對細節的錙銖必較，都是引發強迫性人格的重要原因。

當黃色系性格（土黃色、鵝黃色、淺黃色）的人處於極端關心如何去控制自己或他人，強調事情之是非對錯，導致人與人之間的交往缺乏包容力時，你的基本焦慮在於失去歸屬的無助感。

你要消除阻礙執行力的振奮方式，就是給予你具安全感的權威環境，以地位和金錢的保障做為順從的誘因，才能恢復往昔條理分明的執行力。

親和力組：綠色系性格（墨綠色、草綠色、淺綠色）

這三種性格的人在親和力方面都是你的強項所在，當處於積極狀態時，有六種能力是其他性格類型者難以做到的。這些能力包括了溝通互動能力、接受新事物能力、傾聽影響能力、抗壓持續能力、接受批評能力和培訓講師能力。但處於消極狀態時，情緒的波動性很大，表達方式是極度地誇張嚇唬人的，比如會用挑逗玩弄的手法及富於情感的動作聲調來吸引對方的關心，甚至會有威脅自傷或自殺未遂的行為產生，藉此可以處罰他人，還能獲得額外的心理補償（你是值得對方愛的），讓歇斯底里人格成為一種保護自己避免受傷害的反彈行為。

綠色系性格（墨綠色、草綠色、淺綠色）的人，渴望外界環境不斷地刺激你，對未來的生活充滿了無限期待，唯有與人相處，才能減少你的空虛焦慮感。你的基本焦慮在於被心愛的人所遺棄，而失去情感的平衡。

你要消除阻礙親和力的振奮方式，就是給予你關愛的眼神，以物質、金錢、情感和精神上的互動交流做為吸引你的誘因，才能回到具同理心的人際關係潤滑者的成功角色扮演。

創造力組：藍色系性格（深藍色、寶藍色、天藍色）

這三種性格的人在創造力方面都是你的強項所在，當處於積極狀態時，有六種能力是其他性格類型者難以完成的。這些能力包括了承諾完成能力、智慧領悟能力、堅定持續能力、戰略遠見能力、創新發明能力和洞察分析能力。但處於消極狀態時，過於敏感的直覺天性，特別容易讓心理受到傷害，會刻意與人保持距離，深怕自己被對方傷害，也害怕自己的生活空間遭到侵犯。有關情感的表現是很遲鈍的，不論在工作上、婚姻關係中、社交生活裡，你都是擔任邊緣化的角色，這是具分裂性人格的特質。

藍色系性格（深藍色、寶藍色、天藍色）的人，由於欠缺與人交流的技巧，變得更加孤立並退縮到自我的小天地裡，對於人際關係充滿不確定的臆測。這種不安的心理感受，形成的基本焦慮是不屬於團體的個人渺小感。

你要消除阻礙創造力的振奮方式，就是給予你值得信賴的人際關係，不再逃避人與人之間的互動往來。如果能找到一個知心伴侶，幫助你走出自我保護的城堡，做為吸引你的誘因，重新回到對任何事物的觀察入微，以冷靜客觀不受傳統理念約束的方式，突出自己的創意理論。

十二色彩性格自我品牌的發展

想像一下，如果自己成為一個優質品牌，它能為你帶來什麼人生驚喜？從此你的色彩鮮明亮麗，它傳達出與你本人相互一致的資訊，身邊周圍的重要人士對你產生正向的情感連結，這種差異化的獨特性使你在競爭壓力大的職場環境裡，凸顯出自己的優質品牌。

為什麼個人的品牌建立對你是如此重要呢？你處在複雜紛亂、前景不明的各種職場環境裡，面對著芸芸眾生，你要如何使自己從人群中脫穎而出而獲得最終的成功，同時也能贏得對方的尊重，讓自我的特長能力和人格特質，能獲得他人的認可與賞識，是你職場生涯中必須要深入發展的重要人生課題。

無論你現在處於什麼地位，擁有什麼身分，能夠發展出優質的自我品牌，就是創造出自己的遠大未來，它意味著唯有做出更加主動地、有效地改變，才能打造專屬於你的個人品牌。

首先，你要評估自我的品牌形象；確認自我的品牌本質；找到自我的品牌定位；設定自我的品牌目標；實行自我的品牌戰略；完成優質的自我品牌計畫。

你要從上述的六種方向去引導出真正符合自我的人生特寫，發揮出自己的職場優勢，找尋到屬於你的真正價值所在。

以下針對不同色彩性格的人，如何發展出優質的自我品牌，做個概括描述。無論你是屬於哪種色彩性格的人，最後都要依靠有效的行動力，才能完成自己的優質品牌計畫，保持你的核心本質，成為一個具有鮮明

個性品牌的個體。

　　生活中只有變化是長存的，你都是每天不斷地塑造出自己的完美形象，但永遠是個現在進行式，這個世界沒有真正十全十美的標準形象，但透過上述形象的優質說明，可以更進一步地展開專屬於自己的個人品牌之路。

大紅色性格

品牌形象

　　大家普遍認為你是屬於外向型的人，表現很直接，能夠讓他人很清楚明白你的想法，做事非常有效率，很重視外在的表現，非常有野心地想超越別人之上，總是在做各種世俗化成就的比較，有自己的主見，堅持自己的想法，因而顯得比較霸道，很注重面子問題，會挑戰自我的能力，擁有領導控制慾的性格。

品牌本質

　　你自認為所具有的優勢，凡事要求盡善盡美，會全力克服艱難險阻，直至目標的達成；能夠不斷地完成已經設定的短期目標，無法忍受無效率的方式，為了績效可以犧牲個人需要；對自己的要求非常嚴格，有很強烈的自尊心並能進行自我批評；重視別人對自己的看法，為了得到肯定，會去做任何的改變；積極擴張自己的優勢影響力，以滿足對成就的渴望。

品牌定位

　　你會去追求達成社會主流意識上所謂成功者的角色，形象意識非常強，重視務實面的人際關係；好勝心很強，適當的謙讓加上肯定他人的角色，以平等互動的方式與人交流，符合別人對自己的期望角色作為，甚至做得更好，堅持你的個人品牌忠誠度，做出具有競爭性地位追求者的典範，就是你最好的定位方式。

品牌目標

　　你會觀察現今流行的各種職業發展狀況資訊，快速分析情勢，做好時間管理，哪些事是要停止做的，哪些事是要開始做的，哪些事是要繼續做的，尋求合理有效的聰明行動方法，和目標的實現是具有可行性的，因此在時間上也有其執行的最後期限設定。

品牌戰略

　　首先你要排除影響職場成功的有形障礙，那些過分強調長期專案的職場環境，工作氣氛很嚴肅的，每天要不停地開會寫報告，上下級別涇渭分明的工作職場，會使自己使不上力，無從發揮所長，影響你任務的達成，導致在職業滿意度上毫無成就可言。

　　能尋找到一個擁有氣氛輕鬆、包容度大、不受拘泥形式的環境，有自由活動的空間，沒有太多的文書作業處理，沒有太多的進度時間表，也沒有太多的人事監督系統。放手讓你自己去做，只看重最後的成果，這種行動至上，注重實際操作經驗，才能發揮自己的優勢所長。

你的優質品牌目標會比你制訂的品牌戰略多，優質的戰略必須針對每一個目標物件做出短、中、長期的戰略排位，這時候你需要運用創造性的思考去實現目標的最佳戰略，使用排序的方式，可以集中能量在最短時間內完成優質品牌戰略的佈局。

品牌計畫

你要學會傾聽，發展仁厚寬恕與合作的精神，在執行方面要誠實面對自己，態度不要過於強硬，也不要過於誇大自己世俗化的功利成就而膨脹自我，減少與他人競爭的內在想法，它是你心理衝突的根本來源。真正讓他人留下好印象的是你真實的表現，不是自我標榜的成功才能，行動計畫的細節很重要，這是你最常疏忽的地方，隨時監測你的執行過程，提升自己的洞察力以做出必要的調整，感覺自己本身很重要，最後在自己訂下的時間內完成個人的優質品牌計畫。

桃紅色性格

品牌形象

大家普遍認為你是具有企圖心的、勇敢果決的，具有很好的處理危機能力，相當堅持自己的意志，有強烈的冒險進取心，善於抓出問題找到解決問題的辦法，有領導者的氣質風範，善於鼓舞他人去實踐夢想的，這些都是你具備的優質品牌形象。

品牌本質

　　你自認所具有的優勢，能充滿自信的完成目標，注重良好的自我形象，為了維護自己的權力和主張，會挺身而出，追求公平正義的原則，有良好的心理成熟度，能夠做到不受外在環境的影響，透過自己的努力成為社會性公益活動的贊助者或宣傳者，以改善社會的不良風氣。

品牌定位

　　你總想給別人留下好印象，凸顯自己在人群中的地位和比他人更成功、更傑出，投射出強者的英雄形象，重視的是實力的顯現，擅長組織事情，一切以實用主義為目的，具有可靠值得信任的強大力量。強調權力的有效運用，相信自己的見解是正確的，以行動證明自己的傑出表現，以贏得他人的尊重。

品牌目標

　　你的思想非常活潑，重視做事的能力，能獨立自主作業，喜歡掌控自己的職場規劃，採取各種開放的方案，加上自己的強力運作，可以專注於短程目標的達成。

品牌戰略

　　首先你要排除不適合自己的職場環境，像那些墨守成規、一成不變的事業單位裡，這種沒有朝氣的企業會讓你窒息，看不到你的未來。被公司的例行事務綁住，行動受到侷限，沒有自由獨立成長的空間，是你

最不能忍受的。

你喜歡追求刺激和冒險，能在不斷接受現實環境打擊的新公司或是面臨解決難題的部門中，展現靈活的解決方案，在最佳的時間點做對的事情，不怕他人的諸多爭議，抓住重點方向去完成任務，以最終達成的事實來說服他人。並且你會運用超彈性的思考空間去實踐你的最佳戰略，使用排序的方式，可以集中能量在最短時間內完成優質品牌戰略的佈局。

品牌計畫

你的言行舉止太直接，容易冒犯別人，可以在行動前，先聽取他人的意見，以減少自己太過於強勢的作為，更深入的體會他人的心情感受，在與人合作時平等對待他人的利益，尋求雙贏的局面。

保持你的熱情，去執行你的全新個人品牌，尤其對於每一個步驟環節，都要加以深刻瞭解，可以增強你的自信心，把計畫的時間、地點、方式、內容和牽涉到的執行者，記錄得愈詳實，對你日後完成的優質品牌計畫，是非常突出的重點所在。

粉紅色性格

品牌形象

大家普遍認為你很有魅力，通常在某方面表現得很優秀，能夠將活動舉辦得有聲有色，會響應他人的期待，並根據他人的反應來調整自己。你對事情有完美的要求，強調做對、做好，能集中全力去贏取工作目標，

有展示自己優越感的形象作為。

品牌本質

以自己的專業表現為榮，非常享受工作帶來的樂趣，擅長激勵人心，鼓勵大家一同為目標打拼，樂於嘗試不同的新事物，以挑戰自己的能力，可得到自我成長所需要的各種經驗和資源系統。喜歡對他人真誠的付出，這樣的付出既給了別人很好的幫助，也為自己創造出了更真實的人生價值，藉著突出優質的行為表現，吸引他人的注意，使自己成為眾人中的品牌焦點。

品牌定位

你常扮演完美形象的角色，以自己的工作成就，建立起人際關係的穩固基礎，表現出自己是很有實力的。不喜歡談及個人的內在情緒感受，一切以外在表現的實際面為準則，堅持效率第一為你的優質品牌定位。

品牌目標

你喜歡內容多元化的工作，具有隨機應變的能力，有明確要達成的工作目標，處事果決以行動代表一切，是注重自我發展的完美主義者。

品牌戰略

首先你要避免那些強調論資排輩的工作，讓你充滿隨機應變的行事風格，產生了抵觸的情緒，你喜歡利用一切可以運用的資源，在充滿變化多樣的環境下，有效率地執行自己的計畫，以個人績效來評判工作成

果，運用幽默的方式，拉近彼此的距離去實踐你的最佳戰略，使用重點工作的評分方式，可以集中能量在最短時間內完成優質品牌戰略的佈局。

品牌計畫

你不要過於自戀，誇耀自己的能力，被他人所肯定成為一個值得信賴的人，發展出個人獨特傑出的實踐風範，追隨自己的強項前進，從最好的方向發展。

最後要靠前後完善的執行力去完成，在過程中你靈活機敏的表現，可以不受制於一成不變的計畫，這是你的強項。如何確保你在戰略規劃上的成功，其中一些關鍵的活動，包括時間、地點、方式、內容上的妥善安排，是你邁向優質品牌計畫的最大挑戰點。

土黃色性格

品牌形象

大家普遍認為你是屬於內向型的人，具有順應傳統社會主流規範的要求，重視團隊榮譽感的，互助合作行為的擁護者，有信守承諾的優質表現，形成一種無形的吸引力，在團隊中也容易與人親近，能夠和團隊其他成員很好地合作完成大家的既定目標。你愛討好人，希望得到別人的信任，同時信任他人對你也很重要。

品牌本質

你對人很平和，有一顆寬容的心，用積極的態度迎接生活和工作，有強烈的自尊感，維護傳統主流權威形象，自制能力比較強，能不斷調整自己，有很好的心理調節能力，去完善自我與環境的關係。喜歡團體組織的氛圍，以此延伸自我的安全感。

品牌定位

　　把達成團體一致的目標放在第一位，展現親近和善的態度，服從傳統權威的意識，謹守本分的去做所謂正確的事情，使自己成為與人合作的第一選擇，和同伴一起努力的時候，可以激發你的能力，去追求自我的成長。

品牌目標

　　你是最腳踏實地的，也是最可靠謹慎的，做事情井然有序，認真看待自己的承諾，關注穩定的作業系統，不管身在什麼工作單位，都很重視階層體制的關係，按照傳統的社會理念，從事對大眾有益的工作，是注重承諾的忠實執行者。

品牌戰略

　　你不適合進入剛成立的公司裡，由於太多的不確定因素，個人同時承擔不同的任務工作，政策也不清楚明確，導致你的實際能力無從發揮，對於強調個人表現的工作部門，同事間的競爭太激烈，會讓注重和諧發展的你，感到莫大的壓力。

你具有組織管理的長才，能把上司的政策執行到位，在尊重官僚體制階級制度的大企業和國營單位環境裡，更可以發揮出你為團隊服務貢獻的能力。你的職場風格是以團體合作的方式，以工作單位的目標為嚮導，去完成團隊的使命。

你的品牌戰略包括那些戰術是可以詳加考慮並做出最好選擇的，為了實施此一方向，你應當具備那些優勢才能制訂最符合自己的優質品牌戰略，很謹慎負責的依次把提升自我品牌的任務，在約定的時間內達成。

品牌計畫

在執行計畫中，有時會反應過度，憂患意識特別強烈，有誇大威脅的傾向，這種負面的思考模式要盡量避免。按既定的行動程序，確定方向感，去引導積極正向的作為，有勇氣表達自己在執行計畫過程的感受，維持內在心理的情感平衡，這是屬於內向性感覺類型的你，最成熟的自我成長表現。

鵝黃色性格

品牌形象

大家普遍認為你非常自律，能規範自己的生活，有良好的自我約束能力，合乎社會傳統價值的自我形象表現，不固執己見，會認真聽取別人的建議和意見，非常重視細節的以嚴謹可靠的方式做完自己分內的事情，在面對外界的利益關係，能維護彼此間的情誼，不會私自獨享，樂

意提供支援援助，幫忙他人順利完成工作，是可信賴的好夥伴。

品牌本質

你是合群的，能夠在組織裡找到自己的歸屬感，注重團隊精神，會預先防範意外，將工作安排得井然有序，並且能包容不同的觀點，從別人那裡學到更多的成功經驗，在各就其位的組織裡，沒有太多的個人主義，能夠發揮所長，它是你一切動力的來源。

品牌定位

你常以社會大眾的思考方式來做選擇決定，喜歡找人商量討論，以防患於思慮的不周密，和外界互動上有很好的一致性，以不傷和氣為原則，要求自己的作為符合傳統倫理的規範，是保守主義的擁護者。

品牌目標

你是做事細密注重小細節的、擅長組織管理的人，公司制度的完善是你十分在意的，喜歡規定清楚、目標明確、進度控制有效的公司部門，能在控制進度有效的團隊上，檢驗案子的可行性及相應的成本概念，使工作團隊能充分發揮它的最佳功能。

品牌戰略

當你無法看清公司的發展方向，加上公司的部門界限不明顯及變動性太大的單位，會產生不安全的焦慮想法，這是你無法忍受的。

你注重有清楚上下指揮鏈的公司，能夠做好分層負責的戰略取向，將時間管理做到最好的運用，讓你心無阻礙地投入工作，對於能幫助自己成長的各種工具書及相關的進階課程，都是實踐你的優質品牌戰略所在。

品牌計畫

你為了能堅持做最好的自己，會花一些時間來做身、心、靈的整合工作，以表明自己的目標發展，將內在最真實的想法去落實，體驗最實際的生活變化，試著理性去看待犯錯的可能性，它將使你能突破自我的設限，這是非常重要的，是自我實現的開始。

淺黃色性格

品牌形象

大家普遍認為你做事情強調合理性，以團體為重，較不注重個人突出的表現，會提前做好整體規劃後，再採取實際行動來完成目標明確的任務。會約束自己的作為，寧願做出讓步，也不想因爭執而破壞團隊和諧的氛圍。

品牌本質

你要求自己專注於正在進行的事情，認真做對、做好它，會以更積極成熟的態度，去接受自己應承擔的責任。遇到問題可以冷靜對待，在

做重大決定時，會請自己信任的人提供意見。會對於自己的行為進行反思，以總結經驗和不足之處的改善，找到值得自己信賴的權威對象，得到對方的理解和支援，能讓你更有團體歸屬感。

品牌定位

你能夠包容不同的觀點，不會強力推銷自己的想法或極力爭取他人的認同，希望得到他人的接納，很看重對方溫暖真誠的態度，以強化自己的信念，會先設定好情況，再與人溝通，尤其是在沒有壓力下的交流，給自己一段時間去思考現實的種種狀況，對你的品牌定位是最有幫助的。

品牌目標

你的個性是較保守的，做事穩重、循規蹈矩，是勇於負責任的人，很努力的在自己位置上，做出適合自己的角色工作，喜歡在整體方向清楚的公司服務，尤其在具傳統的、安定的、可持續的職場環境中，是你最嚮往的發展方向。

品牌戰略

你對於販賣提供無形服務的公司，很難處理好對應關係，這些東西的有形價值不好衡量，無法做出實質評估。在資源短少的公司環境裡，要自己去找資源，是充滿痛苦的，這些職場會讓你有危機意識，無法施展你的品牌戰略。

對於執行戰略的方式，你能做出細部的規劃，配合工作部門的作業

流程，讓你能在限定時間內把工作做到位，如何排定完成任務使命的操作過程是展現你執行力的有力驗證。

品牌計畫

你在決定執行品牌計畫時，總會評估所有看得見的風險，盡可能收集到各種不同的資訊來源，給自己訂個工作時間表，好發展自我的行動決策力。要勇於表現自己的意見，學會做真正的自己，集中力量照著既定計畫進行下去，相信自己有能力突破現狀，也能完成自我心理需求的滿足度。

墨綠色性格

品牌形象

大家普遍認為你具有謙虛美德的行為，對人有很好的感情投入，能體恤他人的需要，尤其會關注弱勢團體的需要，對他人充滿善意及富有同情心的，為人處世是公平無私的，對他人有重要的影力，是具有利他主義者的傾向。

品牌本質

你總是為他人著想，充滿對人的關愛與體貼，對他人有正面的感情，一切以人性本善為依歸，給予人們無條件的愛且不求回報。需要有被需要的感覺，對他人是否心存敬意，並不會放在心上，認為自己是個具大

愛心的人道主義者。

品牌定位

以愛為出發點，認為愛是生命中最具有價值的，願意與他人一同分享，常留意他人的感覺和情緒狀態，喜歡傾聽他人的心聲，能主動滿足他人的需要，以感性的訴求與人交流，總是以熱心公益的形象示人，用先付出再獲得的方式，來經營你的品牌定位。

品牌目標

你普遍是感性的，與人溝通是你的特長，以人為本注重個人的潛能開發，以樂觀的角度看待事情，用溫情的方式撫慰他人，善用譬喻以導入自己的見解和想法，很具有說服的影響力。喜歡在強調創新和具前瞻性的單位工作，用愛來改造社會，讓人們的生命更有價值，是具有自我超越的利他主義傾向。

品牌戰略

你對於任何有高壓統治的、上下級別明顯的、剝削員工的、欺騙客戶的公司行徑是不能認同的，它遠離了你的核心價值，這種權威的管理方式及重現實利益導向的公司，不符合你的品牌戰略。

你注重公司的成立宗旨及其價值觀，需要一個氣氛融洽的工作環境，除了工作上的合作外，也看重私底下的非正式溝通。做出有益於社會和諧發展的理想目標，以最大的熱情去經營人脈，是符合你的心理需

求，藉此激發出自己最大的潛能，這是你所追求的優質品牌戰略。

品牌計畫

你用自己善良的本質和個性中無私的一面去迎合他人，凡事以別人的需要為優先考量，希望你的這些作為，能有助於他人的成長，在他人求助自己時，能及時伸出援手，但要幫他如何釣魚，而不是只給他魚吃，這樣才能真正完成具有行善者的優質品牌計畫角色。

草綠色性格

品牌形象

大家普遍認為你對他人熱情大方，極具有耐心，注重對方的感受，懂得如何照顧人，有很好的社交手腕，能搭起友誼的橋樑，扮演傾聽者的角色，能很好的理解對方的一切作為，會避免與他人的正面衝突和惡性競爭，能婉轉地反映意見，巧妙地化解衝突，是情商很高的溝通交流者。

品牌本質

你有非常敏銳的自我認同感，知足常樂，對生命充滿熱情，以寬容感恩的心面對一切，對各種人和事物，採取開放的態度，追求精神上美好的一面，能投入不同的新鮮領域，嘗試滿足各種不同人們的需要，並且樂於與人分享生命的豐盛，是古道熱腸的助人者。

品牌定位

　　你相當有好人緣，是非常慷慨與體貼的，常以和家人相處的方式對待朋友，能感性的將心比心與人親近，很重視人與人之間的互動關係，能說服對方認同自己的想法，並能夠被他人需要，如此來凸顯出你的優質品牌定位價值所在。

品牌目標

　　你喜歡從事各類與人事有關的工作，很容易抓住社會的心理需求，能建立和睦同心的團隊，激發眾人的向上追求心，尤其是能促進社會和諧發展的行業，特別適合建立你的人生目標。

品牌戰略

　　首先你不能處在一個鉤心鬥角、內耗嚴重的公司，大家在玩權力遊戲，同事間私下也無交情，一切事務都公事公辦的公司，這種完全不符合人性需求的職場環境，不適合你的戰略發展，也壓抑了你的核心價值。

　　你需要一個和你價值觀相似的工作環境，來發揮你溝通、組織、協調的能力。在能經常提供各種訓練課程的公司，擁有最新的知識資訊，來促成工作部門的永續成長。各方面的積極意見反映，能讓你逐漸完善優質品牌戰略的任務。

品牌計畫

　　你要隨時把握時間為自己充電，擬定短、中、長期的發展目標，做

好時間的分配管理，之後就讓它順勢發展。以單純、無私、真誠的態度去執行品牌建立計畫，既幫助了他人的成長，也使自我實現更邁進一大步。

粉綠色性格

品牌形象

　　大家普遍認為你心思細密，能主動回應他人的需求，尊重他人的獨立性，會以對方的需要做出相對的回應，不會嘗試刻意去改變他人，很能適應環境，懂得靈活變通，不拘泥慣用的模式行為，能輕易抓到重點。並且善於從容地面對壓力，巧妙地化解各種衝突，待人處世非常積極，不吝於提供時間和資源，能在短時間拉近彼此間的距離。

品牌本質

　　你很重視溝通的過程，很民主不拘泥於各種形式，並且喜歡探索各種新的可能性，有溫柔祥和的吸引力，習慣私下的閒聊，能尊重他人的意見表達，創造出一種溫馨感性的氣氛。喜歡熱衷於新鮮事物的追求，讓自己的生命愈加地豐富，且很注重無形精神財富的擁有。

品牌定位

　　你相當自信地表明自己的觀點，非常敏感於他人的感受，能及時回應對方的想法，喜歡和各種不同性格的人做交流，對人的好奇心能帶來

種種不同的互動經驗，對他人抱持著尊重與欣賞之心，能發展出良好的人脈基礎，成為團隊中的隱性領導者。

品牌目標

你非常重視人與人之間的關係，是細心敏銳的觀察者，能看見未來的理想願景，善用自己的人際互動技巧，達成與他人的共識及建立很好的合作關係，可以扮演好協力廠商的角色，為雙方搭起一座互通兩岸的橋樑，是很好的人力資源整合者。

品牌戰略

你不喜歡一個墨守成規、太過官僚作風的單位。對下屬不尊重的公司，要承擔太多的例行公事及繁瑣細節，會使你產生抵觸情緒，無助於你的品牌戰略的發展。

你需要一個注重情商的職場環境，上司能夠尊重你不同的觀點，大家都能在崗位內適才適所的發揮所長。工作上能自由控管時間，負起自己的專案責任，依環境的變化做出適當的調整改變，確保問題的解決及貫徹目標的有效執行，以達成自我追求的優質品牌戰略。

品牌計畫

你對他人的批評指正太過敏感，給自己一些時間，完成品牌目標的計畫，不要太過期待自己的付出就能喚起他人的立即改變，美德本身就是最好的回報，享受這種無形精神財富帶來的快樂，才能讓自己認同的

價值系統，用充滿人性智慧的執行力，來引領自我的優質品牌計畫完成。

 深藍色性格

品牌形象

　　大家普遍認為你有超乎一般人的前瞻性思想，有敏銳的觀察力，常能察覺到他人疏忽的事物，提出一些很有創意的想法。喜歡追求知識的深度累積，建立具有價值性的獨特見解，重視自我的成長，能夠預知事情的發展趨勢，成為某個領域的專家。

品牌本質

　　你生活非常的嚴謹，集中力量於心智世界，有革新的精神，喜歡探討抽象的概念。會用科學的方法去掌握事實的真相，有足夠的安全感去探索未知的外界環境，並且擁有寬大的心胸，不會把自己的想法強加於他人身上。總是關注事物的整體面，依理性來分析事情，具有理想主義者的傾向。

品牌定位

　　你過於專注在自己的專長領域內，將人際關係維持在專業層面上，很少涉及私人情誼，無視於他人對自己的觀感，對社交功能的關注度不夠重視，日常的生活議題，無法引起自己的興趣，會用清楚的邏輯概念和周密的思考辨證法來說服他人。

品牌目標

你喜歡解決複雜的問題，改變現存的觀念和制度，尤其是將毫不相關的各種領域連接起來，找到更好的複合式全新發展概念，開創出新興行業的新局，都是你的目標所在。

品牌戰略

你對於太強調工作的細節，而不考慮長遠的未來規劃，也不講求策略運用的企業和官僚性強的單位，這些層層的節制，阻礙了你的能力表現，無法達成你追求品牌戰略的方向。

你需要一個不斷學習和成長的職場環境，對於工作品質要求很高的管理標準，能夠走在時代前端，開發出新的產業標準。

你非常重視獨立研究性的工作，能給予你充分的自主權，因此喜歡在具有民主風範、平等對待的企業中服務。你對於新事物的開發能力特別強，因此找到一個具有遠大策略的公司，大家相互配合，能成就你的優質品牌戰略。

品牌計畫

你常專注在自己覺得很有價值的事情中，多用些心思在與人交往上，讓自己更能夠信任別人。由於社交關係的有效建立，在執行目標上能得到更多的幫助，學著人中自有人上人的謙卑心態，對於自己要完成的優質品牌計畫，能產生很好的正向回應。

寶藍色性格

品牌形象

　　大家普遍認為你的個性十分鮮明且與眾不同，能創造出豐富美好與特別有價值的東西，來傳達和人溝通的另類模式。為了追求卓越，能夠高度自律，注重承諾與自我規範，不斷地從各種作為中尋找自己的價值。常走向時代的尖端，打破舊日傳統，發展出自己獨特的優質品牌形象。

品牌本質

　　你對待生活積極熱情，追求浪漫唯美的感覺，崇尚自由與變化，對生命充滿熱情，能透過美的事物抒發自己的情感。並且會強調自我的探索，會不顧世俗的傳統發展模式，追求自己的生活方式，藉由靈感創造出的作品，能夠引起他人的共鳴。在被對方欣賞與瞭解中，來得到自我的優越價值感。

品牌定位

　　你抱持著以誠待人的心理去對待周圍的人，非常重視親密的人際關係，很在乎自己的心理感受，與人相處重視的是感覺的對味，崇尚自由放任的行為舉止，不會去約束對方也很少把自己的看法講出來，會保護他人的隱私權，是強調自我品牌定位的人。

品牌目標

　　你是一個重視自我實現勝於世俗價值的人，對美麗的事物有所偏

好，從事的工作具有獨特性，尤其是強調精神層面的豐富性，能跨領域的整合學問，注重個人意志的追求，以特立獨行的方式去凸顯自己的風格而與眾不同。

品牌戰略

你不適合在限定的時間內，按進度做事，也不能待在一視同仁的環境下工作，喪失個人的獨特性，對於只注重短期利益的獲取，而沒有理想目標的工作單位，是無法突出自我實現的品牌戰略心理需求。

你需要一個能相信自己和尊重你能力的職場環境，有一個獨立的個人空間，它能讓你的思考集中在戰略上的運用，並可以掌控自己的專案計畫，且有可以獨立運作的環境配合，每一天都能不斷挑戰自我的成長，在這種關注原創思考的工作環境裡，能最大程度地優化你的品牌戰略。

品牌計畫

你訂下的執行目標雖然眼光高遠，但實施的細節步驟是最大的成敗關鍵，按照時間去推演事情的進度，不要過於敏感於他人的閒言閒語，而在內心裡擴大了它的不良效應，在過程進行中與他人努力溝通事實現況，自然地表達出自己的情感狀態，不要讓自己顯得太獨特，逐漸去形成符合自己性格的優質品牌計畫。

天藍色性格

品牌形象

　　大家普遍認為你擅長對不同的理論架構做有系統的分析，從而創建出嶄新的觀點，平常做事很低調不愛表現，專注於自己的興趣，會大量搜集資料，分析它們的不同特點，把興趣成為專業，能以持續的行動力去實踐自己的理想。

品牌本質

　　你的求知慾很強，對事物抱有很大的好奇探究心，重視心靈的交流，有陽光單純的心理特質，能正面看待人性的光輝面，具消化負面的經驗，享受獨處帶給自己充沛的能量，而且獨立自主的思考方式很靈活，常能突破規範，成為問題的解決者。

品牌定位

　　你注重隱私權，是秘密的守護者，在社交上比較處於被動的地位。會擔心負面的評價，而隱藏自己的感覺不願意與別人交流心情故事，也不去干涉他人的生活，有獨善其身的心理需求，會以局外人的姿態來保護自己的自尊，注重獨處的時間，以累積自我的能量。

品牌目標

　　你對未來的職業需求敏感度很高，關注大社會的脈動，從超然的立場、不同的角度分析問題，不斷尋求改進的空間，能預見政策下的未來

發展，因此可以為自己創造出新的工作機會。

品牌戰略

你先要避免在一個充滿人事鬥爭的環境，以及呆板守成的企業中工作，那會耗損自己的精力，不符合你的性格需求，同時會抹煞了個人的原創獨特性。

你需要在充滿冒險挑戰性的環境下，用創新大膽的研發戰略去執行自己的計畫，在重視個人尊嚴心理需求的工作單立，是你理想的職場環境。

你很樂於與他人做腦力激盪的思維工作，在變動的環境中求得成長，一步步地調整前進的方向，這是最符合自己的優質品牌戰略。

品牌計畫

你總是自動自發地驅動自己往理想心目中的方向邁進，試著多花一些時間與他人溝通，可以擴大自己的生活圈。除了精神層面上的滿足外，可以運用各種的身邊資源完成理想的貫徹，以增進自己對他人的社會影響力，並且透過計畫的實施，來打造出一個具優質品牌的自我形象。

十二色彩性格與兒童先天氣質的關係

從生物學和社會心理學的觀點來觀察氣質，即可發現從幼兒時期出現的先天氣質差異性，會影響往後的性格發展。所以從先天氣質的研究中，可以瞭解人類性格發展的關鍵點。

先天氣質的形成主要是受遺傳基因的影響，但由於大腦的神經功能具有可塑性的關係，因此，身為家長的父母對子女的教養態度，也會影響孩子的大腦發展及性格形成的因素。你從動物身上的實驗中發現，母親對待孩子的方式，可以改變你往後的性格表現，並讓行為模式得到穩定的變化。所以，除了先天的遺傳基因之外，後天的生活經驗也扮演著性格形成的重要推手。

假若身為家長的能對孩子的先天氣質加以注意，得知你在某些狀況下會出現的行為模式，就能做出相對應的適當判斷。氣質本身沒有好壞之分，也沒有所謂的「理想氣質」。在這個複雜多元化的社會裡，需要各種不同氣質和性格的人共同創造出和諧的氛圍，大家各司其職，才能擁有更多的快樂和健康的人生。

從小孩的氣質類型到成人的十二色彩性格，都與外界環境的互動有相輔相成的關係，如果你能瞭解它們之間的最佳相互作用模式，便能從中獲得最有幫助的預期效果。

在二十世紀六〇年代，已有人研究觀察孩子在出生三個月到青春期這段時間的性格變化，如果小時候是特別膽小、害羞、怕事的，到了成年階段常會對未來有不確定感，遇到重大事件急需要父母或配偶替他做決定。因此選擇的職業也以安定、較不會發生突發狀況的工作為主，盡量在他的掌控範圍內，比如黃色系性格（土黃色、鵝黃色、淺黃色）的工作內容適合的有：財務分析師、審計人員、會計師、銀行高層主管、精算師、行政幕僚長、校長、醫療人員、法官、律師、各類型經理人、管理顧問、專案經理、網頁製作、稽核人員、工程師、行政主管、資訊

安全專家、各類公務員、財務長、基金分析師、法務主管、牙醫、獸醫、學校行政人員、實驗室技術人員、各類別行政經理等等。

　　相對地，比較勇於任事的、不怕冒險挑戰的，則會從事較具變化性的職業，比如紅色系性格（大紅色、桃紅色、粉紅色）的工作內容適合的有：廣告行銷經理、投資銀行家、業務經理、行銷代表、金融證券交易員、股票經紀人、保險代理人、軟體設計師、安全資訊專家、外科及婦產科醫師、醫療復健師、旅行社領隊導遊、律師、軍警人員、體育新聞記者、運動教練、飛航管制人員、不動產經紀人、各行各業的個體戶、財務顧問、行銷經理、資訊系統分析師、硬體工程師、媒體從業人員、調查人員、交易談判代表、各種政治人物、鑑識專家、土地開發商、技術培訓師、各類運動員、飛行員、船長、各行各業老闆、採購經理、導演、演藝人員、攝影師、談話性節目主持人、俱樂部經理、私家偵探、遊說代表、稅務員、景觀建築師、農牧場經營者、飛行教練、一般的承包商、各種行業的經紀人等等。

　　這些實驗結果顯示出，孩子小時候先天氣質的不同，和長大後的性格差異是有相互關係的。研究者根據父母親的描述，將幼兒展現出的不同行為方式分成九種氣質，包括行為的可預測性、活動力、新刺激的趨避傾向、新環境的適應力、持續力、敏感度、情緒控制、專心度、注意力長短。

　　上述所說的氣質是由觀察「行為」狀態來定義的。沒有任何的單一氣質能發展成某種十二色彩性格，也就是說，性格是由各種不同的氣質傾向所組合而成的。氣質能讓你得知某種習性、行為、情緒的表現程度

上的差異而已。

　　十二色彩性格的底層是由先天氣質構成，加上後天環境的成長過程，最終相互交織而成的。所以，中國有句諺語說「從小看大」，西方也有類似的語句「天性與形象會跟隨你進墳墓」，這都說明了嬰兒時期的先天氣質影響力是多麼大的。

　　當嬰兒面對飢餓寒冷或身體上的痛苦時，會出現四種反應模式：

　　A、大聲哭叫且不容易安撫

　　B、大聲哭叫但容易安撫

　　C、輕輕啜泣但不容易安撫

　　D、輕輕啜泣且容易安撫

　　同樣地，當嬰兒面對不熟悉的新事物或突如其來的事件時，比如食物的味道或聲音影像時，也會出現四種反應模式：

　　A、活動旺盛且經常哭鬧

　　B、活動旺盛但很少哭鬧

　　C、保持安靜但會哭泣

　　D、保持安靜且不常哭泣

　　上述的四種反應模式可以對應到成人的十二色彩性格中的紅色系性格（大紅色、桃紅色、粉紅色），綠色系性格（墨綠色、草綠色、淺綠色），藍色系性格（深藍色、寶藍色、天藍色）及黃色系性格（土黃色、鵝黃色、淺黃色）。但這只是一種傾向，你還是無法正確無誤地預測嬰兒成人後

的性格。此外，早產的嬰兒（出生時體重少於兩千公克），及在一歲前遭逢巨大變故或嚴重感染的嬰兒，都可能出現和上面四種反應模式不一樣的特殊氣質。

這些先天氣質的差異概念，可以說明為什麼同一個家庭中的兄弟姊妹，或生長在類似家庭的孩子會有不同的性格特質。

氣質的確會影響個體擁有開朗或悲觀的性格，個性較為嚴肅的孩子也容易有體弱多病的傾向，你很容易心跳加速，胃部抽蓄或呼吸困難，尤其是突如其來的未知感常會引發你原有的焦慮敏感性。性格最終是由氣質、家庭、文化與人生經驗結合而成，所以，就算是擁有相同氣質的孩子，其將來長大成人後的性格養成也無法做出正確的預測，只是有多少可能性而已。就算精通生理心理學與嬰兒先天氣質差異的專業心理學家，還是無法預測你未來的職業、研究領域、與朋友的互動方式或家人之間的感情強度。

十二色彩性格的形成類型與父母雙方的性格、稱讚或懲罰的方式及價值觀等，對孩子都具有決定性的影響，你可能會全盤接收父母的觀念，形塑成某種性格。按照社會學習理論來說，父母的行為方式會加強或減弱小孩的習性和情緒表現。

一般而言，身為父母親的在潛意識裡都有對小孩具有某種期望，當然對男孩、女孩的期望值是並不相同的。如果言行符合家長的期待，就能持續得到獎勵，至少不會受到限制。然而，若脫離父母親設定的常軌過多，這時家長就會介入，甚至會表達不滿的情緒。

當孩子無法獲得父母親的認同，就會覺得自己不夠好，會在內心裡產生自責沒能達成父母理想中的完美性格，比較不會質疑父母對自己的要求是不是過於苛刻。如果父母期待的人格特質與孩子本身性格產生不對應時，比如家長是紅色系性格而小孩是藍色系性格的話，互動溝通就存在著問題，一個是訴諸權威，另一個是講求民主的交流方式，一般的結果是造成家庭的不和睦。

此外，母親通常是嬰兒的主要照顧者，當她得知孩子的先天氣質是十分敏感且易怒時，會有兩種截然不同的反應。第一種母親認為自己能幫助小孩減少困擾，所以她的視線從沒離開過孩子，只要你一哭鬧便急著安撫。當小孩做出無理行動時，她只能壓抑自己的怒氣和不滿的情緒。另一種母親認為不能放縱孩子的無理取鬧，於是當小孩脾氣發作時，會等一段時間再去安慰你，或者表現太不合時宜時，她會提高聲調來斥責小孩。經過事後的研究證明了第一種過度保護孩子的母親，反而不如另一種類型母親的小孩發展得更好。

少數的嬰兒（約為百分之三）擁有特殊氣質，有點像成人的未分化性格比例，很容易生氣，父母親不管擁抱、親吻或是玩遊戲，都無法安撫他。這種情況容易造成家長的挫折感，尤其是母親總會懷疑自身的能力，認為自己無法帶給小孩快樂。一旦超出她的承受能力後，便開始怪罪小孩，當母親萌生這種想法時，母子間的對抗心理就會產生。如果不要過於在意對小孩的愛是否有所回報，相信春天是可以來臨的。

小孩到了三歲以後，開始具有強烈的認同對象就是父母，那是人類生物成熟性的自然發生。因此，家長的性格與才能對小孩將來的性格發

展具有很強大的影響力。同時也決定對父母親的認同感是屬於驕傲自信（成熟的性格）亦或是羞恥自卑（壓抑的性格）。

當然，父母教養小孩的方式對其性格發展也是非重要的，這和社會階級有某些相關性。比如中產階級的雙親最關心的是社會地位的喪失，因此，會讓小孩適應主流的社會道德價值觀。在現今社會環境裡，這意味著小孩必須做到品德好、學習好、身體好的學生，不會惹麻煩，並在某方面有傑出的才藝表現。

除了上述的先天氣質（基因論）和父母教養方式（社會階級論）外，還有外界環境的不同刺激也會讓性格有所變化，孩子若在童年時期（十二歲以下）在比較小的城鎮生活（城鄉差距太大的話，會比較特殊），對你將來性格的良好發展與潛能的開發都比較有所幫助。在人口基數少的地方，一個天資聰穎的小孩若在小城鎮成長會逐漸增強自己的優越感和自信心。相對的，如果他居住在大城市如台北，他能認識許多與他能力相當或更好的同儕，這時候他也許會認為自己不特別聰明或傑出。可以這麼說，居住在大城市裡個人的特殊潛能常會被埋沒，在於他不是最特別的。

許多來自小城鎮的孩子比較懂得如何處理人際關係，也不會做出太出格的事情，由於街坊鄰居之間的快速傳播具有抑制作用，能在無形中發揮了約束孩子的行為。住在大城市裡，越容易學習到不良的行為習慣，比如網路成癮、宅男宅女等。

所以，小時候擁有相同先天氣質的兩人，長大後卻發展出不同的性格，對自己有不同的期許，原因極有可能是一位生長在小城鎮，而另一

位則來自於大城市。

現在鄉村的人口逐漸外移到城市中生活，先天氣質已經不再是影響性格的最大因素。由於城市的擁擠與競爭壓力的增加，都會造成紅色系性格的形成主因。它的特色是以追求個體的利益重於一切，成為行動至上的現實主義者。

小孩的生活環境變化，如搬家次數、居住地區大小、父母是否離婚或健在等因素，都有可能影響成人（滿十八歲）的性格類型。所以，十二色彩性格的測試對象是以十八歲以上的成人作為標準的。換句話說，不可能由某種小孩的先天氣質去預測成人後的真實性格。

只要是紅色系性格的男生，大多只關心權力及地位的優勢，很少在意人際關係的品質與深度。尤其害怕的就是失去它們帶來的人生危機感。當面對競爭奪標時，紅色系性格的小孩的壓力荷爾蒙皮質醇（又稱可體松）都會升高，但是雙方的心理狀態卻是不相同的。男生取得優勝能贏得同儕的尊敬；女生則是加深自己與隊友的感情。

黃色系性格的男生，喜歡參與討論各項議題的委員會，會以推派代表及建立組織層級最為熱衷，而非以討論議題的選項為優先。如果黃色系性格的女生是組織者，她們比較會將先執行問題的解決列為優先考量，以避免會員間產生不必要的爭執，至於名稱頭銜則不是第一考慮方案。

綠色系性格的男生，喜歡與人溝通以增進自己的無形影響力，改善社會的不良習氣，減輕人們的痛苦為職志；綠色系性格的女生樂於傾聽對方的訴說，藉由幫助他人而得到幸福滿足感。

藍色系性格的男生，喜歡選擇能展現優異智慧的學科如物理、數學或藝術，以證明自己的才華出眾，期待在埋首努力多年後，讓成果受到大眾的肯定與媒體的讚揚；藍色系性格的女生，對於醫學、生物、宗教或文學等學科有興趣，因為它們和社會大眾的距離較近，這能為她們帶來利益社會的充實感。

　　以往中國人的性格受到傳統文化的社會扮演角色，和對他人的責任與義務所制約，以對團體大眾忠誠的價值觀優於個人的慾望實現為依歸，犧牲多數人的權益而為一己之私的做法是較少在社會文化中發生的。但現在的中國人已經不一樣了，只要對自己有利的事，都會爭先恐後的做出行動來，公民道德的觀念已不像從前，那麼符合社會正義了，這也可能是紅色系性格大行其道的原因之一。

　　由於中國家庭的教養方式使然，常會出現內心的真正想法和在大眾面前的表現是不一致的。在西方的歐美國家，個體從小就被教導要正視自己的內心世界，不需要過於遷就對方的想法，否則會被視為偽君子。因此，中國人在不同的時空背景下總會扮演出不同的社會角色以適應各類團體的正確價值觀，逐漸發展出混色性格和主次性格，它們之間最大的不同點是前者的角色扮演較成功，容易成為一個領導者；後者的角色扮演較不達標，所以成為被領導的機會比較大。

　　可見性格的塑造在社會文化、教養方式和生活經驗，對個體的影響通常比先天氣質的基因論更來得重要。

十二色彩性格與人格障礙

在你的職場環境中，除了與一般的正常同事、下屬、上司們接觸外，有時還必須面對有亞健康狀況的人，由於不得不共處在一個工作單位裡，使得你常有被壓抑及無力感的產生，造成很大的挫敗經驗。

在十二色彩性格中，人格障礙者的人數比例以主次性格者居大多數，依次為矛盾性格者，純色性格者，混合性格者。

這些公共領域所帶來的人事相處困擾是個很大的壓力源所在，和人格障礙者的溝通方式好與壞，對你的職場生活表現是具有重大影響力的。

人格障礙者，會不斷重複著毫無建設性的互動方式與人交流，並且會沒有意識到自己的問題，而且同時擁有幾種不同類型的人格障礙特質。單純具有一種障礙類型的是比較少有的，就如同壓力般，對於輕微程度者還是有益於工作上的完成滿意度。

一個企業的發展所面臨的最大問題，通常是人的問題，而問題最終又由人格障礙所引起，但公司的領導者卻很少意識到這個問題的存在嚴重性。

如此的效率不彰，過多的人事紛爭，營運成本的增加，甚至走上法庭的衝突，大都由人格障礙者的引發所致，其中以工作壓力會帶來許多的心理焦慮感。

在相關的壓力研究中已經確認了以下幾種的工作壓力源，包括收入低、工作時間長、績效的高度要求、角色扮演不明確、惡劣的工作環境等，若再加上不良的人際關係，更常演化成工作壓力的主要來源。

據有關人力資源部門的統計，在美國的勞動力市場中，大約有百分之二十五的職員受到心理焦慮或某種與壓力相關的亞健康困擾，導致每年平均損失十六～二十一個工作天，也同時造成了工作單位的士氣低落，隨著市場競爭的日益加劇，會變得更加痛苦徬徨，也使周圍的同僚深感壓力。

　　因此，現在的許多公司正在進行 EAP 雇員援助計畫，藉由外聘的心理諮詢師來援助那些需要突破工作壓力源的員工，尤其是那些人格障礙者，常會曲解別人的行為，表現出不合常理的反應，卻以合理化的內隱偏好為自己的一切作為進行辨護。

　　看待人格障礙類群的方式與主次色彩性格有著相互對應的理念，這些人的世界雖然充滿各式各樣的顏色，但大都為不同的混色比例所形成，每種顏色有不同的明亮度，所以單純地以一種人格障礙形式出現的情況也十分少見。

　　以三種不同的主次色彩性格類群和矛盾色彩性格，與三個明確存在的人格障礙類群（DSM ～ IV 精神障礙診斷與統計手冊第四版）做比較：

　　A 類群（草綠色＋天藍色主次色彩性格）、（桃紅色 vs. 天藍色性格）、（粉紅色 vs. 天藍色性格）

　　偏執型人格障礙者對身邊的他人行為有極大的猜疑和不信任感；分裂型人格障礙者會與他人疏遠，不考慮與他人進行社會交流，外在表現

得非常怪異，有些心理學家認為這種類群的人格障礙者和精神分裂的精神障礙有關，只是以一種較為溫和的方式表現出來。

B類群（大紅色＋草綠色主次色彩性格）、（大紅色＋粉綠色主次色彩性格）、（草綠色＋粉紅色主次色彩性格）

自戀型人格障礙者表現過度的誇大自尊和擁有虛無的權力至上感，對於被他人的仰慕有十分期待被需要的感覺；表演型人格障礙者有過分的情緒化顯現，流於膚淺的人際關係，需要不斷地被人們關注；反社會型人格障礙者缺乏社會道德觀以男性居多；邊緣型人格障礙者常有自殺傾向，沒有自我認同感，變動性很大和人相處非常困難，是最難應付的人格障礙者。

C類群（大紅色＋鵝黃色主次色彩性格）、（大紅色＋淺黃色主次色彩性格）、（桃紅色＋淺黃色主次色彩性格）

這個類群包含了過度焦慮的心理反應人群，有依賴型人格障礙者總是以依賴對方來尋求安全保障感和存在價值性，對於突發事件不能獨立自主做出判斷而付諸行動；強迫型人格障礙者注重零缺點的行為，一心追求完美的極致表現，太拘泥於旁枝細節，卻無法完成主要的任務目標；迴避型人格障礙者不會主動參與社交活動，除非得到他認為重要的人的接納保證，總以為在公開場合裡會表現失常太過冒險。

紅色系性格與憂鬱性人格

紅色系性格包含了大紅色、桃紅色、粉紅色三種顏色，都位於十字座標的左上方，約有八成的紅色性格的人屬於外向型傾向，他們是憂鬱性人格（憂鬱症）的最大擁有者，其人數的多少為大紅色＞桃紅色＞粉紅色，由於中國人的紅色性格比例超過百分之五十，因此患有憂鬱性人格（憂鬱症）的人群是難以想像的，它是除了眾所周知的癌症、愛滋病之後，影響中國人最大的心理疾病。

基本上，他們以完美的形象以示大眾，追求世俗上對成功的判讀標準，以財富、名聲、地位、權勢做為人生奮鬥的終極目標，完全是以外顯行為表現來成就自我，不關注內在的自我本性，有害怕做自己的焦慮。

紅色系性格的特質有這樣的兩面：一面是樂觀積極進取向上的正向心理需求，另一面是恐懼無能不欲人知的憂鬱心理。

紅色系性格的人，缺乏愛人的能力，他們比其他性格類型者更依賴伴侶，由於他們需要對方，所以他們愛對方，他們內心非常恐懼伴侶的疏遠甚至拋棄他們，這時的他們會悲傷絕望墜入憂鬱的深谷裡。

依賴對方或者是被對方倚靠都能給他們安全感，雖然這二者外在表現上是相反的，但是心理需求的動機卻是一樣的，營造相互依賴的感覺。

擔心有所損失（看得到的外部世界），紅色系性格的基本人格特質，也是憂鬱性人格的重點所在，怕從此被孤立、被拋棄，成為一個沒有價值的人。

外表的堅強剛毅是虛張聲勢的表現，紅色系性格的人對於真正的獨

立自主是懷有相當的恐懼心理，面對人群可以消除一部分的憂慮想法，由於必須仰仗別人當作靠山，成為他們的避風港，因此會包容對方的缺點，不去懷疑他們喜歡及信任的人，相信對方是完美無缺的。

紅色系性格的人為了營造和諧的親密感，會表現一些利他主義的行為舉止，比如無私忘我、感同身受、放棄自己的心愛東西等，事實上，他們的美德很多是迫於無奈，總認為自己必須犧牲奉獻才能得到對方的肯定。

憂鬱性人格者，對生命的期待總是被動的，一旦心願得不到滿足，難保會出現鬱鬱寡歡的樣子，若停止犧牲奉獻則一切的希望都會落空，會有種陷入人生價值無法凸顯的困境中。

紅色系性格的人，會把自己應該負的責任往外推，怪罪外面的大環境是如此的惡劣，導致造化弄人而一事無成，在失望沮喪時以大量吃東西或以借酒消愁的方式，靠吃喝減輕情緒的不適感，他們從自怨自艾中把不滿的情緒投射於外界，自己不用負擔責任，所以也不需要改變自己。

憂鬱性人格者，由於內在的封閉狀態使然，在接觸各種事物時，只是以象徵性的形式接受它們，從不深入探討它們的本質意義，只根據以往的經驗來統領印象，以形成自我的保護功能，以折扣心理將追求的人、事、物加以貶低，說服自己強化理念，它們並不值得他們盡全力去完成，久而久之他們的世界已無生氣，並對未來不抱一絲的希望。

憂鬱症患者，以情緒低落為主，常會抱怨人生無聊、空虛、孤單、沒勁等。生活對他們來說已沒什麼意義，絕望的感覺充滿腦子，會有一

了百了的自殺念頭，嚴重時甚至會採取行動。

　　他們在身體症狀方面會變得悶悶不樂、無精打采、食慾不振、體重減輕、便祕失眠、性慾減退、疲倦不堪、提不起勁、有時無法應付日常工作，有些人雖然有憂鬱症，但卻以其他方式如拼命工作、吃東西、喝酒解愁、玩女人、與人吵架、胸口發悶、胃口不佳等身體症狀表現出來。

　　引起憂鬱的心理因素則有失去所愛的人或物、自尊心受到嚴重強烈打擊、把原本對外的攻擊衝動轉向自己。

　　紅色系性格的人，以完美的自我形象為載體，愛好面子的型式主義勝過一切，以自我為中心的他們，對於自己的人生挫敗會有極端的外在表現，如上述的憂鬱症現象的種種說明情形。

黃色系性格與強迫性人格

　　黃色系性格包含了土黃色、鵝黃色、淺黃色三種顏色，都位於十字座標的左下方，約有八成的黃色性格的人屬於內向型傾向，他們是強迫性人格（強迫症）的最大擁有者，其人數的多少為土黃色＞鵝黃色＞淺黃色，在中國黃色性格的人佔百分之二十四，是第二大類群。

　　基本上，他們以腳踏實地、貫徹執行力著稱，重視階層組織，尊重社會傳統文化價值，對於事前的規劃及實施的步驟，能井井有條地抓住細節，並以傳承為經驗法則，這種流於刻板的行事作風，凸顯出害怕改變的焦慮。

　　黃色系性格的特質有這樣的兩面：一面是做事穩健有責任感的正向

心理需求；另一面是恐懼突如其來的變化而無所適從的強迫性思考及行為模式。

　　黃色系性格的人，缺乏變通的能力，他們比其他性格類型者更依賴熟悉的事物，各種的規範與習慣，希望一切保持現狀，面對新鮮的事物會心存偏見，由於新鮮事物是未經檢驗，所以心理會產生不踏實感，只堅持信任原有不可動搖的觀點。

　　黃色系性格的人，有強烈的安全感需求，這也是強迫性人格的基本根源，謹慎小心是他們的最佳外在表現，以傳統主流為依歸，是典型的權威保守主義者，導致人與人之間的交往缺乏了包容力。

　　強迫性人格者，最無法忍受的是現有一切的被剝奪，處在一個完全陌生的情境，不能按照他們的意志來進行，在現有的所有規則制度已不能適用的狀態中，他們已不能掌控一切，特別是對於他們的伴侶及被其依賴的人而言，更是會造成心理衝突的爆發點。

　　黃色系性格的人，總認為自己可以預知結果，而如何去預防不測的事情出現，則會耗掉他們大部分的精力。想法上的懷疑不信任和行動上的猶豫不定，加上對細節的錙銖必較，都是引發是強迫性人格的重要原因。

　　強迫性人格者，自認為有一套充滿理智冷靜的邏輯概念，所有的事情都得按照一定的原則進行，逐漸成為一種僵化的表現方式，比如對細節的要求到了吹毛求疵的地步、固執己見到了頑固不靈的地步。自動自發去做一件新鮮的事，對他們來說是恐懼無比的，由於沒有可比較的依

據，於是陷入了坐立難安的焦慮中，這是他們極力避免的。

黃色系性格的感情世界是不可靠的、搖擺不定的、容易消失的，對伴侶的角色扮演有上下級別的關係，根據自己主觀的需要來要求對方依他們的想法全力配合完全順從，形式勝於感情，尤其在婚姻中，金錢常是引起危機的爆發點。

強迫性人格者，會合理化他們的憤怒表現，會針對外在的人、事、物有抱怨連連的說詞，而以理由充分絕不妥協的方式，為自己的正確觀點而戰鬥，這種咄咄逼人的行為，是表達憤怒反應的典型處理模式。

強迫症患者，個體有一種強迫性思考、衝動或行為，雖然個體本身明知為不必要的，但卻無法控制或去除，會在生活上深受困擾。

他們的人格特點為：極端關心如何去控制自己或他人，強調事情之是非對錯，注重理論與規範，尋求明確的標準，不易表露情感，缺乏融通變化，甚少幻想等。

由於存有攻擊衝動，且相當關注髒不髒的問題，正性與負性的情感常同時存在，而形成愛恨交集的狀態，對負面情感的控制尚不成熟，執著於黑白兩者的二元化看法，存有魔術性想法甚為迷信，對自己極為嚴苛，於是導致有許多慾望感情難以為自己所接受。

黃色系性格的人，強調把事情做對、做好，什麼事情應該做、什麼事情不可以做，是他們生活上的大原則，下決定行動的勇氣與害怕出錯後的處罰，讓他們認為他們的抉擇是萬無一失的、正確無誤的，可以心安理得處理一切身外之物，這種生活套路的固定模式表現，就如上述的

強迫症現象的種種說明情形。

藍色系性格與分裂性人格

藍色系性格包含了深藍色、寶藍色、天藍色三種顏色，都位於十字座標的右下方，約有八成的藍色性格的人屬於內向型傾向，他們是分裂性人格的最大擁有者，其人數的多少為深藍色＞寶藍色＞天藍色，在中國藍色性格的人佔百分之九，是最少的類群。

基本上，他們是思考的專注者，喜歡獲得更多的知識能力，精於理論的分析，對現狀的維持是不感興趣的，傾向於不斷地突破既定的情勢，放眼於未來的趨勢走向，喜歡走在時代的前端，扮演著開創者的角色。他們和紅色系性格（憂鬱性人格）是互補的，雙方位於十字座標的對角線上，以追求未來的理想為人生宗旨，不注重目的性太強的現實生活，非常特立獨行不想依賴任何人，總想隱藏自己，害怕把自己公開出來。

藍色系性格的特質有這樣的兩面：一面是具有整合知識背景運用各種資源，創新事物的獨到審美價值觀的心理需求；另一面是自我封閉，對情感毫無反應的社交陌生人，缺乏和他人保持長期親密關係的需要，始終保持人他們之間的安全距離。

藍色系性格的人，他們能自給自足地獨立生活，不需要為任何人負責，由於深怕自己被對方傷害，他們對人是若即若離的，深怕自己的生活空間遭到侵犯。對於人際關係充滿不確定的臆測，他們一向欠缺值得信賴的朋友，這種不安的焦慮感，促使他們發展出理智又冷靜的個性，只追求讓他們放心的純粹知識，無論是科學研究、哲學理論、藝文創造、

系統分析等皆是他們的強項所在。

分裂性人格者，有關情感的表現是很遲鈍的，情感對他們而言是一片空白處在尚未開發的狀態，尤其在兩性關係的交往上，更是困難重重，他們不懂得體貼也沒能力融入對方的感覺之中，愛情之後的責任是他們難以想像的，他們只屬於自己也只信任自己，不論在工作上、婚姻關係中、社交生活裡，他們都是擔任邊緣化的角色。

藍色系性格的人，喜歡享受獨處，通常被看成性格孤僻的化外份子，不熱衷於人際的交往，總認為人的複雜多變性，是最令他們頭痛煩惱的，由於過於敏感的直覺天性，心靈特別容易受到傷害，刻意與人保持距離，才能帶來他們所謂的安全感。

分裂性人格者，由於與人的交流欠缺技巧，找不到團體的歸屬感，逐漸發展出害怕付出及和人親近的個性，對社會有憤世嫉俗的仇恨心，變得自我中心也更加孤立，會退縮到自我的小天地裡，對於他人的讚揚或者是批評都顯得無關緊要，喜歡從事少與人接觸的職業，以抽象理論見長的自然科學家、物理學家、數學家、哲學家、工程專家等。

他們已習慣了獨立生活離群索居的日子，沒有和他人有緊密的聯繫，所以比起其他人格類型的人，更有勇氣面對死亡這種一無所有的現象。

藍色系性格的人，對事物觀察入微，非常冷靜客觀，對現實的環境勇於做大膽的批判，不向權威低頭，也不受傳統理念的約束，能透視對方的人格缺點，他們只相信唯有自己的聰明智慧才能創造出自我的命運。

如果能找到一個伴侶，幫助他們的自我成長不再隱藏於自我保護的界限內，走出去擴大生活的圈子，將會對他們帶來不一樣的生命意義！

綠色系性格與歇斯底里性人格

綠色系性格包含了墨綠色、草綠色、粉綠色三種顏色，都位於十字座標的右上方，約有八成的綠色性格的人屬於外向型傾向，他們是歇斯底里性人格的最大擁有者，其人數的多少為墨綠色＞草綠色＞粉綠色，在中國綠色性格的人佔百分之十五，是第三大類群。

基本上，他們是崇尚改變與自由的，以人道主義為考量，喜歡與人溝通他們的觀念，有一種無形的影響力，可以激發他人的潛質，他們和黃色系性格（強迫性人格）是互補的，雙方位於十字座標的對角線上，對於新事物的追求是不遺餘力的，沒有東西可以約束他們，看重未來的大好機會，最怕的是現成規律環境的限制。

綠色系性格的特質有這樣的兩面：一面是造福人群富有正義感的強力心理需求；另一面是遠離現實環境的真相，沉迷在自己的幻想世界裡，兩者間的差距越來越大，最後導致歇斯底里人格的誇張表演性作為。

綠色系性格的人，懂得掌控人性的弱點，擅長察言觀色、審時度勢，能夠很快地融入各種不同的環境中，他們是創意性十足的人，尤其在社交的公開場合裡，更具有強大的感染力，能夠成為他人關注的中心，獲得生活中重要人物的認同（深怕被拒絕不被人所愛）是他們最大的目標導向。

綠色系性格的人，情緒的波動性很大，情感有時一發不可收拾，自尊心也顯得很脆弱，善意的批評反應會讓他們受不了，他們能為了打動人們而說出令人印象深刻卻空洞無物的長篇大論，能非常有心機地給人完美善良的第一印象，以誘人的魅力、浪漫的情懷而擄獲人心。

　　歇斯底里性人格者，對於憤恨不平的表達方式是藉由即興式的演出來表現，極度地誇張嚇唬人，只有與眾不同的作為，才能得到他人的重視，唯有與人相處，才能減少他們的空虛焦慮感。由於對自我的認同出現問題，早期生活接觸到極端的壓迫，限制自由的環境，壓抑衝動的家庭教育及不瞭解自己的家人，讓歇斯底里成為一種保護自己避免受傷害的反彈行為。

　　綠色系性格的人，渴望外界環境不斷地刺激他們，對未來的生活充滿了無限期待，但面對真實的世界卻是逃避現有的規範限制，最終的懼怕是自己沒能完成心目中的夢想生活。

　　歇斯底里症患者，其面對內在不安的衝動，不會直接表現出來，卻以誇張的形式做戲劇化的表演，主要症狀以痛症表現為主，位置不很清楚時常轉移，但又非常痛苦的樣子。

　　一般說來，其身體症狀持續很短，可能數小時或數日即可復原，但有時會反覆發生而成為習慣性表達心理挫折的方式，往往在被人關注或檢查時，症狀會變得特別明顯，個體對所患症狀的態度甚冷漠，表面看來似乎很嚴重，但一點也不著急，也不擔心會不會好，這種歇斯底里性

格者，善於用挑逗玩弄的手法及富於情感的動作聲調來吸引對方的關心，甚至會有威脅自傷或自殺未遂的行為產生，藉此可以處罰他人，還能獲得額外的心理補償（他們是值得對方愛的）。

綠色系性格的人，總以自己的個人好惡來判斷事物，喜歡做不實的幻想，且言行與事實的情況往往差距很大，無條件的善意付出，其實是含有對價的關係，投入越多，也希望對方的回報越大，有時候感情是無法做出平衡的結果，因此他們會用各種不同的方法去折磨對方，上述的歇斯底里性人格及其症狀已說明了一切。

附錄

 ## 十二色彩性格研發理念

十二色彩性格測試（12 CPA）與佛洛伊德（Freud）的自由聯想

　　視覺的投射是人類的原始本能反應，它需要有一個參照物來做為表達形狀的基礎，利用紅、黃、藍、綠四種基本色的各種組合做為受測者的心理投射物，在「實畫實說」的潛意識互動下，說出你認為的真實視覺投射物的形狀及顏色組成，它是佛洛伊德讓來訪者在躺椅上以「自由聯想」的方式進行潛意識心理投射的現代視覺版。

　　而十二色彩性格測試實施的環境要求，不像佛洛伊德的「自由聯想」方法需要完善的環境配置，它可以在任何安靜的環境中做測試（室內或室外皆可），重要的是它可以在電腦上做，有標準化的計分系統，將性格本質做有系統的分類及資料化的說明。

十二色彩性格測試與榮格（Jung）的內、外向理論及心理類型

　　榮格認為，外向型的人以佛洛伊德為代表，是傾向於外部世界的各種人、事、物，個體的發展從外界環境中得到讓他滿意的方式以及心理上的需求，由外部之間的互動而產生正面的心理能量，所以不斷地與人

互通資訊和討論是必要的。

　　榮格認為，內向型的人以阿德勒（Adler）為代表，他傾向於個體內部的思想和情感，由於要克服內心的無助渺小感，即所謂的「自卑情結」，因此要從獨處中發揮出具有創造力的生活能量。他相信我們都位於非常內向和非常外向之間的連續軸上的某一點上，有些人天生性格較為外向，而另一些人則較為內向，但每個人都有一個天生的休息點，他可以在此恢復精力，當我們年紀變大時，多數人都會更加的靠近連續軸的中央。

　　榮格的那個年代，生活環境較為單純，只以內、外向區分性格傾向，十二色彩性格測試除了繼承榮格的內、外向理論外，還創造性地揭示了中庸型性格及宅男宅女性格的傾向。

　　而十二色彩性格測試，則是從受測者的顏色分布多寡可得知他是紅、黃、藍、綠中哪種色系的人。紅色系的性格類型可對應於榮格心理類型的外向思考型，及外向感官型人格類型；黃色系的性格類型可對應於榮格心理類型的內向思考型，及內向感官型人格類型；藍色系的性格類型可對應於榮格心理類型的內向感覺型，及內向直覺型人格類型；綠色系的性格類型可對應於榮格心理類型的外向情感型，及外向感覺型人格類型。

　　十二色彩性格測試的九張藝術心理分析圖卡，所呈現內容的組成顏色的出現次數，如果只有一種顏色超過九次（含），其餘三種顏色都在九次以下，這個人就是純色性格，超過九次的那個顏色則為其色彩性格。

紅色系性格分為三種：大紅色、桃紅色、粉紅色；黃色系性格分為三種：土黃色、鵝黃色、淺黃色；綠色系性格分為三種：墨綠色、草綠色、粉綠色；藍色系性格分為三種：深藍色、寶藍色、天藍色。

十二色彩性格測試與羅夏克（Rorschach）的墨漬測驗

　　十二色彩性格測試的九張藝術心理分析圖卡，由紅、黃、藍、綠四種色塊所組成，每張圖卡都是正方形，無任何方向指示，它的顏色分布是不對稱的，從最少的八塊顏色到最多的十六塊顏色，整張圖卡都填滿色彩，可以三百六十度旋轉畫面，直到視覺本能看到的第一個圖像出現為止，整張畫面呈現的方式有單純的、複雜的、整合的、分化的效果，它是隨機選取的，沒有編號的次序性限制，是完全的心理投射產物，重要的是它可以自我測試，也可由主測者來主持測試，以正常人為主要測試對象，時間約十分鐘即可完成。

　　羅夏克的墨漬測驗，每張圖都是對稱的，圖片都是長方形的，有上、下、左、右四個方向，其中有五張圖是黑白的，另五張圖是彩色的，其中有四張圖是混色的，皆有留白，共計十張圖，由受過嚴格訓練的主測者來測試，把每張編有順序號碼的圖片遞給受測者，他可以自由的轉動圖片，以不同角度看。墨漬測驗將被試者的反應分成四類：一、反應的區域，是對圖片整體做反應或是對部分做反應；是對有顏色部分做反應，還是對空白部分做出反應。二、決定的知覺，是形態或是動態、是彩色或是黑白、是濃的或淡的使他做出反應。三、反應的內容，是人、動物、植物、建築物、藝術等等二十四種類型。四、一般反應或特殊反應，他

的反應內容是和大家一致的還是與眾不同的，對明細的組織化程度進行整理，最後根據分類結果做出人格和智力的評估，也能夠診斷出個體是否正常，做完這個測驗，大概要花五十分鐘的時間。

十二色彩性格測試與里索（Riso）的九型人格類型

十二色彩性格測試，受測者以個人的內在直覺，很直接地說出第一眼看見的東西（限固態物，人格是個穩定系統），由幾種顏色組成，何種顏色是該物體的主顏色（缺了它，就不成型），最後將紅、綠、黃、藍四種顏色的次數加總，即可得知他所屬的性格類型。

受測者與九張圖卡做連結互動，以安排它的方式去發現你視覺本能的主題，它帶有遊戲的性質，能很自然地融入情境裡，完全沒任何心理阻抗作用。

里索的九型人格測驗，是以問卷的方式作答，每種類型的人格題目為二十項人格敘述，共計一百八十題，之後有計分表，記下自己回答同意的次數，何種類型得高分，它就是你的人格類型。

九型人格測驗，是傳統單向式的文字表述，被動地作答同意與否，有些敘述是負面的，可能會產生心理否定作用，且測試時間太長，注意力難以集中，在作答上有時會產生認知失調。

十二色彩性格測試，將人區分為十二種不同的性格特質的人，包括：

大紅色性格：是要超越別人、追求卓越的競爭性地位追求者。

桃紅色性格：是善於因勢利導、重視實質作用的實用主義者。

粉紅色性格：是會突出表現、強調自我形象的完美主義者。

土黃色性格：是很謹慎可靠的、細心重承諾的忠實執行者。

鵝黃色性格：是注重安全感、歸屬感，以保守自居的傳統主義者。

淺黃色性格：是需要被團體接納的、關注保障性的權威服從者。

墨綠色性格：是關注別人需求、不承認自己需要的利他主義者。

草綠色性格：是講求人情世故的、用愛來傳播感情的古道熱腸助人者。

粉綠色性格：是注重與對方分享的、以助人為目的人力資源整合者。

深藍色性格：是喜歡探討抽象概念的、以思考代替一切的夢想先行者。

寶藍色性格：是不受現實拘束的、專注內在世界的自我放縱唯美主義者。

天藍色性格：是善做系統分析的、以社會未來發展為目標的理想主義者。

　　九型人格測驗，將情感、行動、關係做為區分人格類型的三個維度，衍生出九種基本性格形態，其核心特徵包括：

助人給予者：關懷他人、慷慨大度、佔有慾強、喜好操控情境。

地位尋求者：自我肯定、企圖心強、完美形象、強調競爭性。

藝術浪漫者：創造力豐富、內向退縮、消沉逃避、個人主義。

思考專注者：感受力強、擅長分析、古怪作風、偏執妄想。

忠誠可靠者：小心謹慎、守本分、依賴被動、反覆不定。

人生豐富者：多才多藝、任性衝動、極端狂躁、享樂主義。

天生領導者：強勢獨裁、具破壞性、鬥志旺盛、不肯服輸。

和平追求者：平靜祥和、令人安心、遠離衝突、包容心強。

理想改革者：重視原則、維護正義、要求標準高、喜好懲戒。

　　十二色彩性格測試，將性格分為四大類，紅色系性格是行動至土的目標主義者；綠色系性格是以人為本的人道主義者；黃色系性格是關注保障的現實主義者；藍色系性格是突破現狀的理想主義者。

　　九型人格測驗，將人格分為三大類，第一類是情感類型，以情緒的抒發為主；第二類是行動類型，以外在表現能力為主；第三類是關係類型，以個體和外在世界的互動為主。

　　十二色彩性格測試，具有五種性格模式：純色的性格、混合的性格、主次的性格、矛盾的性格、未分化的性格。

　　九型人格測驗，具有四種人格模式：純粹的主要人格、相鄰的側型人格、整合的人格、解離的人格。

　　十二色彩性格測試，利用十字座標系統，標明受測者的各色加總分數屬於哪個座標位置，讓人一目瞭然，十分的簡單易懂，操作很方便。

九型人格測驗，它的圖示外面是圓的，內部是正三角形，三頂點為原始人格類型，再做六芒星的連結，標示其他六種次級的人格類型，圖形較為複雜，無法立即上手。

而十二色彩性格測試中的大紅色、桃紅色、粉紅色性格相對應於九型人格測驗中的地位尋求者、天生領導者的人格類型；十二色彩性格測試中的墨綠色、草綠色、粉綠色性格相對應於九型人格測驗中的助人給予者、理想改革者的人格類型；十二色彩性格測試中的土黃色、鵝黃色、淺黃色性格相對應於九型人格測驗中的忠誠可靠者、和平追求者的人格類型；十二色彩性格測試中的深藍色、寶藍色、天藍色性格相對應於九型人格測驗中的藝術浪漫者、思考專注者的人格類型；至於九型人格測驗中的人生豐富者，則散布在紅、綠、黃、藍四種色彩性格裡。

十二色彩性格測試與帝格曼（Digman）的人格五大因素模型

二十世紀九〇年代的美國人帝格曼，建立了人格特質的分類，先把一系列跨領域的基本人格特質歸類進來，由於卡特爾（Cattell）的十六種人格構成因素在因素分析上並沒有得到實際的驗證，他發現有些因素可被整合在一起，納入到了人格五大因素模型（FFM）裡。五大因素模型可算是第一次為人格研究提供了一個很好的共同參考架構，其後的研究者也在此基礎上進行各種的調查研究工作。

內向外向性：以直線向量座標表示，從負軸（-1）至正軸（+1）分為七種評定方式，包括健談／安靜、自信／謙虛、積極／被動、能量足／沒能量、歡愉／害羞、好交際／喜孤僻、熱情／冷漠。

而十二色彩性格測試的內、外向判別為零至十個等級的變化量，從靜態至動態產生了十種評定方式，以Ｌ型座標表示，縱軸是動態（外向）、橫軸是靜態（內向），兩者間形成的三角形面積越大則性格越趨於中庸，也顯得越成熟（紅、綠兩色系以外向為主，黃、藍兩色系以內向為主）。

　　人際關係性：以直線向量座標表示，從負軸（-1）至正軸（+1）分為六種評定方式，包括信任／批判、同情心／好報復、友好／排斥、親近／攻擊、大方／自私、感情／冷酷。

　　而十二色彩性格測試的人際關係性，以綠色出現的次數為評定標準，從零至最高的十八次，共產生了六種評定方式，以直線向量座標表示，得分越高則人際關係性越佳（綠色系性格為主）。

　　成就動機性：以直線向量座標表示，從負軸（-1）至正軸（+1）分為六種評定方式，包括勤奮／懶惰、有目標／沒方向、競爭／限制、自律／紊亂、現實／虛無、高效率／沒效率。

　　而十二色彩性格測試的成就動機性，以紅色出現的次數為評定標準，從零至最高的十八次，共產生了六種評定方式，以直線向量座標表示，得分越高則成就動機性越強（紅色系性格為主）。

　　安全保障性：以直線向量座標表示，從負軸（-1）至正軸（+1）分為五種評定方式，包括穩定性／情緒化、安定感／不安感、滿足的／失望的、持久的／壓抑的、平衡的／變化的。

　　而十二色彩性格測試的安全保障性，以黃色出現的次數為評定標

準，從零至最高的十八次，共產生了六種評定方式，以直線向量座標表示，得分越高則安全保障性的要求越高（黃色系性格為主）。

　　思考創造性： 以直線向量座標表示，從負軸（-1）至正軸（+1）分為六種評定方式，包括興趣廣／興趣少、想像力／現實力、開放／限制、綜合／單純、學識／庸俗、創造性／跟隨性·

　　而十二色彩性格測試的思考創造性，以藍色出現的次數為評定標準，從零至最高的十八次，共產生了六種評定方式，以直線向量座標表示，得分越高則思考創造性的範圍越廣（藍色系性格為主）。

十二色彩性格測試與森谷的九宮格統合繪畫法

　　十二色彩性格測試，以九張方形圖卡（十五公分乘於十五公分）做測試，每張由紅、黃、藍、綠四種色塊所組成，九張可排成一個正方形，它的信息量是人類處理能力的界限，也是短期記憶最大的平均值。

　　九宮格統合繪畫法，是在 A4 尺寸的畫紙上用筆當著受測者的面，主測者親手畫下邊框再將畫面分割為三乘三格共九格，然後，由受測者從右下角按逆時針順序畫到中心，或者是以中心開始按順時針順序畫到右下角，把腦中浮現的人或事物，自然地按次序畫出來。

　　而十二色彩性格測試是半結構式心理投射法，由於已經標準化了，可以節省許多的測試時間。九宮格統合繪畫法是無結構式的心理投射法，剛開始要讓受試者畫滿九個格子是有難度的，但它能深度挖掘受測者的潛意識，若能在最後給個主題，往往會有令人意料之外的解答出現。

兩者都結合了佛教金剛界曼陀羅的方式，也有西方完形治療的歸向，它能以最大限度地包羅各種錯綜複雜的意象，讓內在的自我真實的顯露出來。

十二色彩性格測試與伯克曼（Birkman）的性格色彩方法

　　十二色彩性格測試，是在西方四色（紅、黃、藍、綠）性格基礎上研發出來的，其中，桃紅色等於性格色彩的紅色，大紅色是紅色的過度發展，粉紅色是紅色的輕度反應；鵝黃色等於性格色彩的黃色，土黃色是黃色的過度發展，淺黃色是黃色的輕度反應；草綠色等於性格色彩的綠色，墨綠色是綠色的過度發展，粉綠色是綠色的輕度反應；寶藍色等於性格色彩的藍色，深藍色是藍色的過度發展，天藍色是藍色的輕度反應。

　　十二色彩性格測試的座標系統，是在四色（紅、綠、黃、藍）的十字座標基礎上研發出來的，它以三個大、中、小同心的方塊所組成，紅色與綠色左右相鄰；黃色與藍色左右相鄰；紅色與藍色互為對角互補；綠色與黃色互為對角互補（與色彩學的互補關係是不同的，它也不對應到你所喜歡的顏色），這在十二色彩性格測試與伯克曼的性格色彩方法中是互相一致的。

　　十二色彩性格測試是屬於藝術心理分析的圖像投射，九張圖卡是隨機選取來做為判讀的，沒有虛假反應的發生，它除了能測出純色性格、混合性格、矛盾性格外（這三種性格傾向和伯克曼的性格色彩功能是相似的），至於主次性格和未分化性格則是十二色彩性格測試的獨創，在

中國人普遍具有的壓抑型性格（主次性格、矛盾性格、未分化性格）中，以主次性格者為大宗。

在以往的人格自陳量表中，幾乎不具有預測效度，未修訂的效度約為○‧一二，最大值很少超過○‧三。而十二色彩性格測試目前經過十萬人的測試（包括台灣省及中國大陸，十八歲至七十二歲，不同的職業身分男女），其效度為○‧五八、信度為○‧九五。

伯克曼的性格問卷有十六道是非題，分成兩組，每組八道題，最後統計兩組中所選擇正確的（Ｔ）題目數，即能得知你屬於哪種性格色彩，比如第一組題有多於五個正確的（Ｔ），第二組題有多於五個正確的（Ｔ），是紅色性格的人，以有形的產出為中心；第一組題有少於四個正確的（Ｔ），第二組題有多於五個正確的（Ｔ），是黃色性格的人，以規範次序為中心；第一組題有多於五個正確的（Ｔ），第二組題有少於四個正確的（Ｔ），是綠色性格的人，以他人為中心：第一組題有少於四個正確的（Ｔ），第二組題有少於四個正確的（Ｔ），是藍色性格的人，以思考為中心。

在職業優勢評估方面，伯克曼的方法是很複雜的，它有四種組織策略：建造最有效率的工作團隊、人才的選拔方法、培訓優質的人才、規劃職場生涯的成功，每一個職業優勢評估都結合了五十五個單獨有效的分數。

它能識別出各種複雜的性情、工作興趣、內在潛能、生活經歷、日常習慣和不被人知的慾望等左右個體的行為表現因素，至於二十三種的職業組合，可以得知受測者的優勢和偏好傾向，包括已瞭解的和尚未理

解的才能或興趣。

人格評估的整合模式

在人格測量中，自陳量表與心理投射測驗兩種方法是長期存在敵對與競爭關係的，部分原因在於企圖測量人格面向的不同。

自陳量表的特色是關注人格特質的自我描述，個體以他所特有的、習慣的、一致性的方式在任何情境中的穩定表現為基礎。

心理投射測驗則注重對於心理需要的測量，尤其是尚未被個體發覺的、潛意識的內在需求。

自陳量表也可用來測量心理需要，但是其通常只注意到自我歸因的方面，因此以外顯需要為主的自陳量表，和以潛在心理需要為主的心理投射測驗之間的相關係數往往是在較低的水準，這就導致了持不同理論的測試陣營，會大力宣揚自己的評估系統優於另一方。

為了能更全方位地理解人格，就必須承認測量特質和內隱動機都是至關重要的，透過兩個系統的相互整合，我們就能夠對人類的行為做出更好的解釋，其理論基礎是「通道假說（channeling hypothesis）」。

在實證研究（empirical test）中，十二色彩性格測試就是藉由「通道假說」把佛洛德的自由聯想、榮格的內外向理論及心理類型、羅夏克的墨漬測驗、里索的九型人格類型、帝格曼的人格五大因素模型、森谷的九宮格統合繪畫法、伯克曼的性格色彩方法，做相互的連結而產生的一種新型的人格測量工具。

藝術心理分析的發展史

「藝術心理分析」起源於上世紀二〇年代，於第一次世界大戰後，大量心理創傷病人湧入精神醫院，當時的德國精神科大夫普林佐（Rinzhorn）整理了眾多的病人作品，發表《精神病人藝術選集》，這是最早的「藝術心理分析」全紀實。

另一方面，英國的包爾特（Burt）完成了兒童繪畫的分析理論，將兒童的繪畫區分為不同的階段，從隨意塗鴉期、簡單線條期、人物象徵期、具像操作期、幾何圖形期到青春期後的色彩形狀表現，也奠定了藝術在評估智力發展及人格特質的基礎。

二〇年代末，美國的古迪納夫（Goodenough）發明了畫人測驗，之後的麥克福（Machover）發展為人物畫測驗，以兒童所畫人物的組成部分，如頭、手、身體、腳、手指、五官等計算出分數以評估智力的發展。

到了三〇年代，美國的哈瑞士（Harris）修正了 DAP，也建立了男女兒童不同的評分標準。

四〇年代末，美國的巴克（Buck）創立了房、樹、人測驗，結合被測試者的自我口語解釋與繪畫本身的自然反應，做為臨床上的診斷之用。

哈默（Hammer）將 HTP 發揚光大，做為探討在人格特質、人際關係、生活環境的互動影響下的心理投射分析工具。

五〇年代末，瑞士的科赫（koch）將 HTP 簡化為樹木畫測驗

（Thetreetest），從被測試者的構圖方式、樹木造形、大小比例、線條粗細等作畫方式去分析投射出的心理人格特質。

六〇年代，瑞士的考爾芙（Kalff）的沙盤遊戲（Sandplay），源於榮格的心理分析學理論，藉由沙盤的建構，引導潛意識的心理投射過程，讓個體擁有一個自由且受保護的私人空間，使自我的自癒能量得以發展出來。

七〇年代，美國的伯恩斯和考夫曼（Burns & Kaufman），使用家庭動力繪畫瞭解孩子在家庭環境裡的心理互動現象，從畫中人物的大小、位置、表情、動作等發現個體在家庭模式中的心理需求狀態。

同時期，在英國的溫尼考特（Winnicott）創立了交替式塗鴉法（Squiggle），這是專為兒童心理分析的繪畫遊戲，透過雙方的相互加筆來完成作品，從而發現孩子的內在無法表達的情感狀態，使父母親能更加地融入孩子的世界裡。

綜觀上述的西方藝術心理分析歷史，約經歷了五十年的時間進展過程，在資料庫的建立及各種效度、信度的參考價值已非常成熟了。

「藝術心理分析」在六〇年代的日本開始萌芽，日本人河合隼雄在瑞士的榮格心理治療中心留學時，將考爾芙（Kalff）的沙盤遊戲，用「箱庭療法」命名，推廣到日本，並取得了顯著成效。

「箱庭療法」是一種心理分析治療技術，經由象徵作用心理防衛機

轉的過程中，整合了意識和潛意識、身體和精神、內部和外界、自我和自性。

六〇年代末，日本人中井久夫創造了「風景構成法」，它是從自由畫中的基礎發展出的一種心理分析方法。

「風景構成法」是二維的「箱庭療法」運用，由於操作容易且資訊多元化，它的讀取方法包括組成該風景的所有元素，藉著有經驗的分析師去感受彼此間潛意識交流，進而走入來訪者的內心世界。

八〇年代，日本人森谷創立了「九宮格統合繪畫法」，在八開大的畫紙先畫好好九個格子，來訪者依序畫上自由聯想的東西，最後讓你概括這些圖畫而訂下一個主題，它同時容納了時間和空間的交互作用，運用在深層意象的理解過程上有很大的幫助。

「藝術心理分析」在中國的萌芽始於二十世紀九〇年代，由留日的北師大教授張日升，引入日本的「箱庭療法」，留日的西南大學吉沅洪教授引入瑞士心理學家科赫（Koch）的樹木人格投射測驗，留日的西南大學楊東教授引入瑞士精神病理學家羅夏克（Rorschach）的墨蹟心理投射測驗。

綜合上述的說明，中國人在「藝術心理分析」的發展歷史是極為短暫的，僅十餘年歷史，且都是以西方藝術治療的理論介紹為主，無論在操作技法及對測驗結果的分析方面，都沒有一套完整的適合中國人的常模規範。

隨著中國人的經濟發展，在心理投射技術的進程上，除了延續國外既有的心理投射測驗外，更需要加緊腳步研究開發出符合中國人的「藝術心理分析」測驗工具。

西元二〇〇九年，終於誕生了符合中國人心理思維表現方式的藝術心理分析圖卡——十二色彩性格測試。

性格分類法的歷史回顧

對於性格分類這件事，來自於對人類行為觀察研究統計分析而來，約在西元前四〇〇年的希臘醫師希波克拉底（Hippocrates）就認為一切的人類性格分為四種類型：樂觀的、憂鬱的、冷靜的、暴躁的。

此後長達兩千多年的時間，沒有更進一步的人類性格相關研究的資料公諸於世，直到上世紀二〇年代的瑞士著名精神分析心理學家榮格（Jung），將人們分為內向及外向兩類，每類又分為思考型、直覺型、情感型、感官型四種類型。

榮格在研究人們的性格相似處和相異處，花了極大的心力，他的結論認為個體對他人和相處的社會所表現的行為模式，有極穩定的好惡形態，這些性格的養成來自於與生俱來的先天特質和後天的養成教育所致。

榮格探討了這八種性格類型，對外界表現上及內在心理需求上的各種不同反應，計有內向思考型、內向直覺型、內向情感型、內向感官型、

外向思考型、外向直覺型、外向情感型、外向感官型，而以這八種之一的性格來做為個體的主要性格類型。

　　榮格的性格分類理論，其出發點是很好的，幫助大家瞭解自己的性格取向，但是要如何藉由測驗的方式，提出心理學上所依據的效度及信度說明，則需要後來的追隨者加以努力實踐它。

　　到了四〇年代，兩名美國人邁爾斯（Myers）和她的母親布里克斯（Briggs），用了四十年的時間去測試榮格的性格分類理論，她們以大量人群做為取樣，進行科學的量化測試，最後創造出一套經過驗證的性格分類系統，稱之為邁布二氏性格類型量表。

　　五〇年代，美國人凱爾西（Keirsey）將最早期的希臘四種性格學說、榮格的八種性格分類理論及邁布二氏性格類型量表，結合起來成為Q色彩性格分類系統。

　　六〇年代，玻利維亞人艾伽索（Ichazo）將源於伊斯蘭教的蘇菲傳統的九型性格理論集其大成，它能反映人性中被發現的心理作用模式，它能讓你變得更自由、更解放，增加你的自癒能力，豐富了你的人生，每種性格特質都有整合的方向以及解離的方向。

　　九型人格理論將性格分為九種，有古道熱腸者、地位追求者、個人風格者、博學善思者、謹慎忠誠者、追隨快樂者、領導保護者、和平追求者、道義堅持者，其中的前三者為情感類型，以情緒的抒發為主；中間的三者為行動類型，以外在表現能力為主；後三者為關係類型，以個

體和外在世界的互動為主。

　　從中又分為四種性格分化的種類，包括純粹的主要人格、加上相鄰的側型人格、整合的人格、解離的人格。

　　九〇年代，美國人伯克曼（Birkman）用紅、綠、黃、藍四種顏色做為性格分類的標記色彩，稱為性格密碼，推向企業、個人、團體。它提供了團隊建設、人才選拔、人才訓練、職業規劃、改善人際關係等多種服務人群的專案。

　　無論是上述所談到的邁布二氏性格類型量表、Ｑ色彩性格分類系統、九型性格測驗、性格密碼測試問卷，都是上個世紀做為性格分類的主要代表性理論，它們皆需要用文字描述為基礎，才能完成性格分類的統計標準。

生命數字密碼

樂生活 014

歐美日韓流行指數最高
99%精準度超級讀心術

蘇醒◎著
定價280元

占數學比九型人格更精準，與五行、星座、塔羅並列為東西方四大神秘學。

紙＋筆＋生日，不用察言觀色，不用心理測試，30秒就能洞悉你的個性與未來。五行八卦，十一大星體，十二個宮位，二十二張塔羅牌……你的人生都寫在生命數字裡，只要心中有「數」，一切盡在掌握！

★ 隨書贈送的9張生命數字能量卡，讓你的人生變完美。

我發現‧我看見 在台灣

一個調酒師的島嶼漂流

張又穎◎著
定價280元

吳念真專文推薦，首創實境影音超連結。

發現台灣、看見台灣，找到自己的本心。

生活在台灣島，你不能錯過這本書。

一個整夜酩酊的調酒師從酒鬼星球到陽光輕灑土地的記事，一個活在自己心之外的青年找回自己真實生命存在的旅程。

國家圖書館出版品預行編目資料

不一樣的色彩心理學 / 康耀南著 . -- 第一版 .
-- 臺北市：樂果文化：紅螞蟻圖書發行，
2016.1　面；　公分 . -- （樂心理；05）
ISBN 978-986-92619-1-3（平裝）

1. 色彩心理學

176.231　　　　　　　　　104027342

樂心理 05
不一樣的色彩心理學

作　　　　者 ／ 康耀南
總　編　　輯 ／ 何南輝
責　任　編　輯 ／ 韓顯赫
行　銷　企　劃 ／ 黃文秀
封　面　設　計 ／ 張一心
內　頁　設　計 ／ 申朗創意

出　　　　版 ／ 樂果文化事業有限公司
讀者服務專線 ／ （02）2795-3656
劃　撥　帳　號 ／ 50118837 號　樂果文化事業有限公司
印　　刷　　廠 ／ 卡樂彩色製版印刷有限公司
總　經　　銷 ／ 紅螞蟻圖書有限公司
地　　　　址 ／ 台北市內湖區舊宗路二段121巷19號（紅螞蟻資訊大樓）
　　　　　　　　電話：（02）2795-3656
　　　　　　　　傳真：（02）2795-4100

2016年1月第一版　定價／300 元　ISBN 978-986-92619-1-3